Prozeßorientierung in der Dienstleistung

Ausgearbeitet von

der Arbeitsgruppe 300 „QM bei Dienstleistungen"
Deutsche Gesellschaft für Qualität e.V. (DGQ),
August-Schanz-Straße 21 A, D-60433 Frankfurt am Main

DGQ-Band 30-02
Prozeßorientierung in der Dienstleistung

1. Auflage 2000

Hrsg.: Deutsche Gesellschaft für Qualität e.V, Frankfurt
Berlin, Wien, Zürich: Beuth Verlag GmbH,
2000, 104 S., DIN A5, brosch.,
ISSN 0949-4782
ISBN 3-410-32944-7

Haftungsausschluss
DGQ-Bände sind Empfehlungen, die jedermann frei zur Anwendung stehen. Wer sie anwendet, hat für die richtige Anwendung im konkreten Fall Sorge zu tragen.

Die DGQ-Bände berücksichtigen den zum Zeitpunkt der jeweiligen Ausgabe herrschenden Stand der Technik. Durch das Anwenden der DGQ-Empfehlungen entzieht sich niemand der Verantwortung für sein eigenes Handeln. Jeder handelt insoweit auf eigene Gefahr. Eine Haftung der DGQ und derjenigen, die an DGQ-Empfehlungen beteiligt sind, ist ausgeschlossen.

Jeder wird gebeten, wenn er bei der Anwendung der DGQ-Empfehlungen auf Unrichtigkeiten oder die Möglichkeit einer unrichtigen Auslegung stößt, dies der DGQ umgehend mitzuteilen, damit etwaige Fehler beseitigt werden können.

Die Deutsche Bibliothek – CIP-Einheitsaufnahme
Prozeßorientierung in der Dienstleistung / ausgearb. von der Arbeitsgruppe 300 „QM bei Dienstleistungen". Hrsg.: Deutsche Gesellschaft für Qualität e.V. – Berlin ; Wien ; Zürich : Beuth, 2000
  (DGQ-Band ; 30-02)
  ISBN 3-410-32944-7

Nachdruck und Vervielfältigung, auch auszugsweise, nur mit schriftlicher Einwilligung der DGQ© 2000

Inhaltsverzeichnis

		Seite
	Vorwort	5
1	**Einführung und Strategie**	**7**
2	**Ausgangssituation**	**11**
2.1	Organisation	15
2.2	Mittel (Kapazitäten)	15
2.3	Mensch	16
2.4	Information	19
2.5	Methode	21
3	**Prozeßorientierung in der Dienstleistung**	**24**
3.1	Typen und Arten von Dienstleistung	24
3.2	Phasen des Dienstleistungsprozesses	28
3.3	Prozesse und Ablaufpläne	33
3.3.1	Von Ablaufplänen zu Prozeßbeschreibungen	35
3.3.2	Gegenüberstellung der Prozesse zur DIN EN ISO 9001:1994-08	36
3.4	Messung, Bewertung und Benchmarking	38
3.4.1	Messung	38
3.4.2	Benchmarking	46
3.4.3	SWOT-Analyse	48
3.4.4	Nutzung von Optimierungspotentialen	49
3.4.5	Berücksichtigung von Durchlauf- und Verweilzeiten beim Design der Dienstleistungsprozesse	50
3.5	Werkzeuge zum Qualitätsmanagement	51
3.5.1	Elementare Werkzeuge zur Darstellung des Ist-Zustandes und Analyse	51
3.5.2	Quality Function Deployment	52
3.5.3	Ideenfindungs- und Kreativitätstechniken	54
3.5.4	Qualitätstechniken für Dienstleister	54
3.5.5	Datenerfassung	55
3.5.6	Datenanalyse	56
3.5.7	Ergebnisdarstellung	56
4	**Umfassendes Qualitätsmanagement (TQM) und Businesse Excellence**	**58**
4.1	Ein ganzheitliches Managementsystem	58
4.2	Business Excellence	60
4.3	TQM in der Praxis	62

5	**Integrative Management-Systeme (IMS)**	66
5.1	Nutzen der Systeme	66
5.2	Übersicht zu einigen integrationsfähigen Systemen	67
5.3	Integration von Managementsystemen	71
6	**Literaturverzeichnis**	74
7	**Stichwortverzeichnis**	76
8	**Bilderverzeichnis**	78
	Anhänge 1–8	79

Vorwort

Die ununterbrochene Wandlung der Industriegesellschaft des 20. Jahrhunderts zur Dienstleistungsgesellschaft des 21. Jahrhunderts stellt an die Verantwortlichen die ständige Frage, wie dienstleistungsgerecht eine Organisation ihr Produkt bereitstellt. Die Beantwortung dieser Frage entscheidet über die Position und das langfristige Verbleiben im Markt. Im Zuge der Revision der ISO 9000-Familie rückte die Prozeßorientierung als eines ihrer Leitmotive in den Vordergrund. Dabei wurden den Dienstleistungsunternehmen Brücken zur Einordnung der eigenen Unternehmensrealität im Vergleich zu der als formalistisch empfundenen Version der ISO 9000-Familie von 1994 gebaut.

Vor diesem Hintergrund hat sich die DGQ-Arbeitsgruppe 300 in ihrem zweiten Projekt der Frage der Prozeßorientierung bei Dienstleistungen gestellt und den nun vorliegenden DGQ-Band 30-02 erarbeitet.

In diesem Band wird dargestellt, daß von einem definierten Kunden-Nutzen-Prozeß auszugehen ist, um den sich die unterstützenden Prozesse intern und gegebenenfalls auch extern ranken. Der Leitfaden beschreibt eine, durch Beispiele aus der Praxis gestützte Vorgehensweise, die dem gegenüber vorwiegend materiellen Produkten abgewandelten Ansatz zur Lenkung von Dienstleistungsprozessen gerecht wird. Ausgehend von einer Ausgangssituation wird auf mehrere Wege und verschiedene Werkzeuge hingewiesen, um Dienstleistungen unterschiedlicher Art gestalten zu können. Besonders wird das bei Dienstleistungen als schwierig angesehene Messen und Bewerten sowie der Wettbewerbsvergleich betont. Elementare Werkzeuge zur Darstellung des Ist-Zustandes und seiner Analyse werden vorgestellt. Umfassendes Qualitätsmanagement sowie integrative Managementsysteme bei Dienstleistungen werden in einem eigenen Hauptabschnitt erläutert.

An der Erstellung des Bandes haben folgende Fachleute mitgewirkt:

Dr. Werner Barbe	CSC PLOENZKE AG	Wiesbaden
Walter Bauer	Lahmeyer International GmbH	Bad Vilbel
Olaf Bücker	SGS-TÜV Saarland GmbH	Hattingen
Dipl.-Ing. (FH) Martin Werner Dellwig	HDU Hoffmann + Dellwig Unternehmensberatung	Heidelberg
Dipl.-Ing. (FH) Dieter Gaul	Pädagogisches Zentrum	Bad Kreuznach
Sigmar Griesbach	DEKRA e.V.	Stuttgart
Dipl.-Volkswirt Franz-Rudolf Hoen	Kassenärztliche Vereinigung Hessen	Darmstadt
Dipl.-Ing. Hans-Joachim Köck	DeTe Mobil GmbH	Bonn

Dr. rer. nat. Peter Kreuter	QMA Dr. Kreuter & Kollegen	Erlangen
Dipl.-Ing. Franz Liebminger	Unternehmensberater	Berlin
Dipl.-Ing. Alfred P. Loch	Qualitätsmanagement Alfred P. Loch	Hofheim
Dirk Lomb	ISATEC Gabriele Lomb Qualitätsmanagement-Beratung	Wehr
Dipl.-Wirtsch.-Ing. Arnulf Schmank	Dr. Sauermann & Partner GmbH	Bad Homburg
Dipl.-Ing. Wolfgang Weber	Bull GmbH	Köln
Dirk-Henner Wegwerth	Memorex Systemhaus GmbH	Frankfurt
Dipl.-Wirtsch.-Ing. Markus Werckmeister	Werckmeister Management Consulting	Reinheim

Der Vorstand der DGQ dankt den beteiligten Fachleuten für ihre engagierte Mitarbeit an diesem aktuellen Thema und hofft, mit diesen Empfehlungen einen sachdienlichen Beitrag zur Harmonisierung der Standpunkte geliefert zu haben.

Auch in Zukunft wird die Deutsche Gesellschaft für Qualität e.V. dieses Thema aufmerksam verfolgen und bemüht sein, ihren Standpunkt dazu zu verdeutlichen.

Frankfurt am Main, im September 2000

Dr. Friedrich Clever
Präsident

1 Einführung und Strategie

Wenn ein Unternehmen seinen Bestand auf das Erbringen von Dienstleistungen begründet, verliert es seine Existenzberechtigung, sobald diese Dienstleistungen überflüssig sind. In einer solchen Situation helfen auch keine ausgefeilten Managementtechniken wie Qualitäts- oder Finanzmanagement und keine noch so engagierte und motivierte Führung.

Ein definierter Kunden-Nutzen-Prozeß muß das zentrale Anliegen eines Dienstleistungsunternehmens sein. Erstaunlich ist, daß gerade dieser Prozeß heute in den meisten Unternehmen nicht als übergreifend und zusammenhängend verstanden wird, sondern als ungesteuertes Zusammenwirken einer Vielzahl von Teilprozessen. Die beträchtlichen Reibungsverluste und oftmals zweifelhaften Ergebnisse von Einzelaktivitäten werden dabei übersehen. An diesem Zustand konnte „gerade bei Dienstleistern" auch ein Qualitätsmanagement-System (QMS) gemäß der ISO 9000-Familie nicht in jedem Fall etwas ändern. Ein formalistisches und zu stark an den QM-Elementen orientiertes Vorgehen leistet keinen Beitrag für den Ansatz, über das Zertifikat hinaus bleibende Veränderungen im Unternehmen zu bewirken. Meßlatte war und ist meist, das Minimum – das Zertifikat – zu erreichen oder zu erhalten.

Bei der Umsetzung der ISO 9000-Familie haben viele Dienstleister bis heute nicht die Möglichkeiten erkannt, die Offenheit der Norm und ihre Vielfältigkeit für ihr Unternehmen zu nutzen. Eine prozeßorientierte Vorgehensweise kann den Dienstleistern helfen, wertschöpfende und kundenorientierte Prozesse besser zu erkennen, zu verstehen und umzusetzen. Die neu konzipierte ISO 9000-Familie unterstützt diese Prozeßorientierung.

Dieser Leitfaden bietet eine Vorgehensweise speziell für Dienstleister mit einigen praxisbezogenen Beispielen an. Damit sollen Verbesserungen von bestehenden oder anzupassenden QMS aufgezeigt werden. Sie sollen dem Leser eine Hilfestellung und Anregungen bei der Umsetzung in der Praxis ermöglichen.

Da andere Ansätze gerade Dienstleistern im Vergleich zu Herstellern materieller Produkte notwendig sind, wird auf mehrere Wege oder mögliche Werkzeuge hingewiesen. Das Management von Dienstleistungs-Prozessen mit seiner unmittelbaren Nähe zum Kunden erfordert wegen der individuellen Ausprägung des Einzelkunden eine stärker differenzierte Betrachtungsweise als das Management von Serienprodukten.

Schwerpunkte dieses Leitfadens sind

- Allgemeine Überlegungen zu QMS
- Bewerten und Verbessern von Dienstleistungs-Prozessen
- Methoden zur Gestaltung von QMS (Werkzeuge)
- Widerstände und Störungen bei der Weiterentwicklung von QMS
- Umfassendes Qualitätsmanagement (TQM)
- Integrative Management Systeme (IMS)

Zum Dienstleistungsbereich zählen z. B. vor allem Banken, Versicherungen Gesundheitsdienste, Handel, Hotel- und Gaststättengewerbe, öffentliche Dienste, Transporte, Verkehr, Tourismus und Weiterbildungseinrichtungen. Die Bandbreite von Dienstleistungen vergrößert sich ständig. Hierzu gehört neben dem wachsenden Markt der Serviceleistungen ein großer Teil der Informations- und Kommunikationsindustrie.

Eine Dienstleistung setzt sich aus der Summe aller Aktivitäten zusammen, die darauf abzielen, die Wünsche des Kunden zu erkennen und den Forderungen entsprechend bereitzustellen. Grundsätzlich sind quantitative und qualitative Festlegungen, z. B. sachlicher, personeller, räumlicher und finanzieller Art zu treffen, die zwischen dem Potential der Lieferanten und den Forderungen der Kunden relevant sind.

Nur wenige Firmen sind in der Lage, sich der Herausforderung – kontinuierliche Kundenzufriedenheit setzt gute Qualität voraus – stellen zu können. Wer aber Kundenzufriedenheit erreichen will, muß die eigene Organisation in die Lage versetzen, die Qualitätsforderungen zu erfüllen und mindestens darüber hinaus begeisterte Kunden zu gewinnen.

Innovation im Wettbewerb, Erneuerung, laufende Verbesserung des Bewährten sind die aktuellen Herausforderungen des Marktes an Dienstleister.

Aufgabe der Führungskräfte ist es vor dem Hintergrund der Kunden-/Lieferantenbeziehung, bei ihren Mitarbeitern Initiative und Leistungsbereitschaft in Hinblick auf Verbesserungsmöglichkeiten zu fördern.

Bei Dienstleistungsprozessen sind Vorgaben, Aktivitäten, Ergebnisse und Regelmechanismen in Prozessen miteinander verknüpft. Oft formt das Ergebnis eines Prozesses unmittelbar die Vorgaben für den nächsten Prozeß. Die systematische Erkennung und Handhabung der verschiedenen Prozesse und Ihrer Wechselwirkungen untereinander ist die Grundlage für einen prozeßorientierten Ansatz.

Das der ISO 9001:2000 zugrundeliegende Managementmodell (Bild 1-1) geht von einer Prozeßorientierung aus.

Eine prozeßorientierte Struktur liefert gerade bei Dienstleistern neue Anstöße zur Verbesserung der eigenen Prozesse z. B. durch die Integration weiterer Managementsysteme und erleichtert die Umsetzung weiterer Regelwerke wie z. B. BS 7799-2, QS-9000 TES, TL 9000, VDA 6.2, VDA 6.4 ISO 14001, EMAS, Kraftfahrtbundesamt (KBA), Hazard Analysis and Critical Control Points (HACCP), Medizinproduktegesetz (MPG).

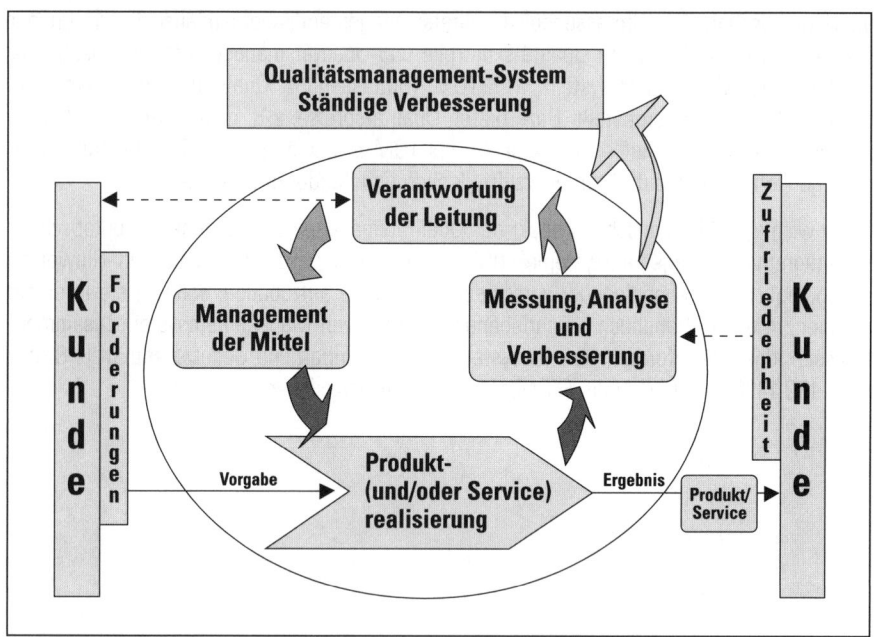

Bild 1-1: Qualitätsmanagement-Prozeßmodell (in Anlehnung an ISO/FDIS 9001:2000)

Inhalt und Zusammenhang der einzelnen Abschnitte

Im Hauptabschnitt 2 „Ausgangssituation" wird neben den allgemeinen Überlegungen zu QMS auch auf die Verbesserung bestehender Systeme eingegangen. Eine Modellbetrachtung mit Hinweisen auf Entscheidungskriterien soll hier Grundlagen vermitteln. Die einzelnen Widerstände bzw. Störungen wurden katalogisiert und in einer Problem-/Maßnahmenliste zusammengeführt. Diese soll dem Projektverantwortlichen ausreichende Argumentationshilfen zu einzelnen Problemen der Praxis geben.

Hauptabschnitt 3 „Prozeßorientierung in der Dienstleistung" beschäftigt sich mit der Bewertung und Verbesserung von Dienstleistungs-Prozessen. Die anschließende Betrachtung einer Vorgehensweise vom Übergang einer Element- zu einer Prozeßorientierung beschäftigt sich mit der Typisierung der Dienstleistung und bietet eine Methodik für die Vorgehensweise an. Grundlagenvermittlung über das Messen und Bewerten einzelner Prozeßergebnisse, die Durchführung von internen Audits und eine effektive Nutzung des Benchmarking werden erläutert und an Praxisbeispielen verdeutlicht. Einzelne Methoden zur Gestaltung von QMS und hierzu einsetzbare Werkzeuge werden vorgestellt.

Besonders die hier aufgeführten Qualitätstechniken für den Dienstleistungsbereich sind als mögliche Hilfestellungen für die eigene Praxis im Unternehmen anzusehen. Sie haben sich für die Ermittlung der Dienstleistungsqualität bewährt.

Im Hauptabschnitt 4, „Umfassendes Qualitätsmanagement" werden ausgehend von der historischen Entwicklung von Qualitätskontrolle und Qualitätsmanagement die Ansätze für umfassendes Managementsystem wie TQM (Umfassendes Qualitätsmanagement) und Business Excellence vorgestellt. Dazu bieten Qualitätspreise, z. B. nach dem neuen EFQM-Modell, gute Anreize. Auf einige Aspekte des TQM in der Praxis der Dienstleistung wird eingegangen, so. z. B. auf Mitarbeiterzufriedenheit und Kundenzufriedenheit.

Einen wichtigen ökonomischen Aspekt des Qualitätsmanagement behandelt Hauptabschnitt 5 „Integrative Managemantsysteme" (IMS). Dem Leser wird mit praktischen Hinweisen nahegelegt, nicht nebeneinander verschiedene Systeme aufzubauen, sondern sie in einem einzigen, in einem Handbuch beschriebenen, intergrativen Managementsystem zusammenzufassen, das alle erforderlichen Teilsysteme, Verordnungen und Gesetze enthält (z. B. ISO 9001, ISO 14001, EG-Öko-Audit, EFQM, HACCP und Arbeitssicherheitsgesetz).

2 Ausgangssituation

Bei der Weiterentwicklung von Managementsystemen gibt es regelmäßig Störungen (Widerstände), mit denen der Projektverantwortliche kompetent umgehen muß, um seine Zielsetzung zu erreichen.

Im Hinblick auf die Ausgangssituation wird beispielhaft eine Bestandsaufnahme über mögliche Störungen vorgestellt, werden die Ergebnisse analysiert und Hinweise zur Behebung der Störungen angeboten.

Mögliche Störungen lassen sich in Form eines Fischgrätendiagramms darstellen.

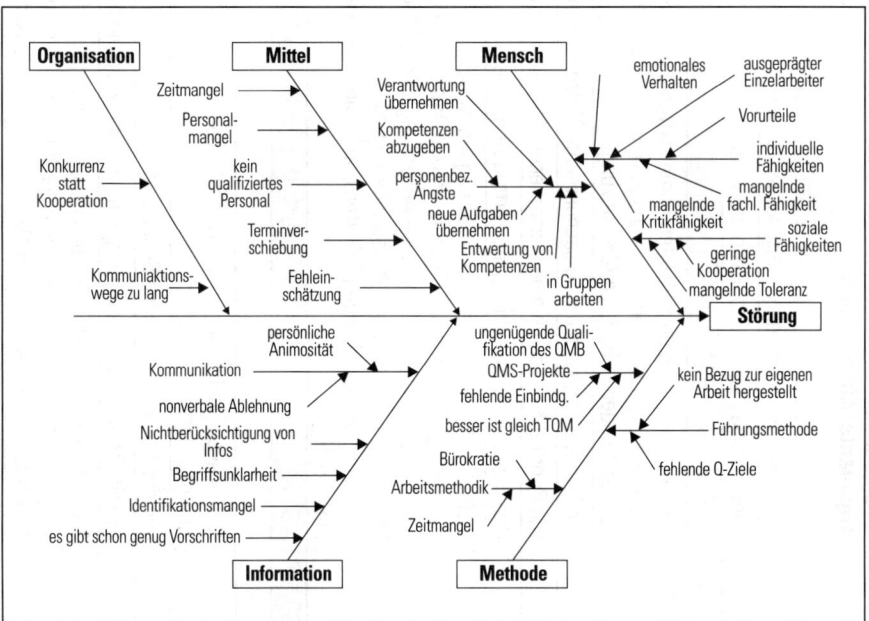

Bild 2-1: Fischgrätendiagramm, Beispiel

Die nachfolgende Tabelle erklärt am Beispiel eines QMS ein Angebot zur Argumentation des QB bei Fragen zu Managementsystemen. Insbesondere werden Scheinargumente und Probleme, die seitens der Führungskräfte vorgebracht werden, behandelt.

Die Abkürzung *„**GL**" steht für Geschäftsleitung, *„**S**" steht für Scheinargument **Fett**- und *Kursivschrift* kennzeichnen die Sammelbegriffe für ursächliche Störungen, mit denen sich der QB bei der Einführung und Verbesserung eines QMS auseinanderzusetzen hat.

Probleme	Argumente/Maßnahmen
2.1 ORGANISATION	
Kommunikationswege zu lang	Einführung moderner elektronischer Systeme (z. B. Telefonanlagen, e-mail)
Konkurrenz statt Kooperation	Gemeinsame Ziele in den Vordergrund stellen. Vorteile der Kooperation herausstellen.
2.2 MITTEL	
Fehleinschätzung von Aufwand für QM zu Nutzen durch QM	Anspruchsvolle und an der Unternehmensstrategie orientierte Q-Ziele abfragen bzw. abstimmen. Notwendigen Aufwand abschätzen. Der Ertrag sollte deutlich über dem Aufwand liegen, z. B. durch Abschätzung.
S* Terminverschiebung	Die Priorität kann durch eine sachgerechte Nutzenargumentation erhöht werden.
S* Zeitmangel	Die Priorität kann durch eine sachgerechte Nutzenargumentation erhöht werden.
S* Kein qualifiziertes Personal	Qualifizieren (Aufwand ist gegen Ertrag zu rechnen)
S* Personalmangel	Vielfältige Möglichkeiten sind in Erwägung zu ziehen, Mehrarbeit/Überstunden (kurzfristig), Einstellungen: Teilzeit, Vollzeit, befristete Vertragslaufzeit (mittel- u. langfristig). Arbeitszeit: flexibel – Anpassung an die Möglichkeiten (Gesetzgeber, Manteltarifverträge, Betriebsvereinbarungen). Entlastung von anfallenden Arbeiten durch Subunternehmer, Werkverträge (kurz- und mittelfristig)
2.3 MENSCH	
Personenbezogene Ängste	
Kompetenzen abgeben zu müssen	Möglichkeit, mehr Zeit für das Wesentliche zu haben, Streß abzubauen, Stellvertretung zu organisieren
neue Aufgaben zu übernehmen	von der Notwendigkeit und Bedeutung durch GL überzeugen
Verantwortung zu übernehmen	Die Wichtigkeit und Bedeutung durch GL überzeugend darlegen
Entwerten von Kompetenzen	Die Notwendigkeit der Einführung neuer Technologie und die Halbwertzeit des Wissen überzeugend darlegen. Der Abbau von hierarchischen Strukturen muß mit Vorlauf erläutert werden. Neu entstehende Verantwortlichkeiten sind in dem Zusammenhang bekannt zu geben.

Probleme	Argumente/Maßnahmen
in Gruppen zu arbeiten	Ziele transparent und gemeinsam erarbeiten, Qualifikationsbedarf befriedigen.
neue Aufgaben zu übernehmen	Die Notwendigkeit der Einführung neuer Technologie und die Halbwertzeit des Wissens überzeugend darlegen.
Soziale Fähigkeiten	
mangelnde Toleranz	durch persönliche Gespräche Folgen aufzeigen
geringe Kooperationsfähigkeiten	gemeinsam Ziele erarbeiten, „gemeinsam sind wir stärker"
individuelle Fähigkeiten	
ungezügeltes emotionales Verhalten	persönliche Gespräche durch Vertrauensperson
ausgeprägter Einzelarbeiter	in Gruppenarbeit zu schulen, in „harten" Fällen mit entsprechen Aufgaben zu betrauen
Vorurteile	Auf Verallgemeinerungen zurückführen und durch Zahlen Daten Fakten widerlegen
mangelnde Kritikfähigkeit	Vorteile von positiver und konstruktiver Kritik herausstellen, in Gruppenarbeit zu schulen
mangelnde fachliche Fähigkeiten	Schulungsmaßnahmen durchführen
2.4 INFORMATION	
Kommunikation	
Persönliche Animosität	Persönliche Differenzen in offenem Gespräch ausräumen
S* Nonverbale Ablehnung	Motivationsstruktur erkennen und bei Information/Argumentation berücksichtigen
S* Identifikationsmangel	Motivationsstruktur erkennen und bei Information/Argumentation berücksichtigen
Nichtberücksichtigung wichtiger Infos	Negative Konsequenzen der Nichtberücksichtigung darstellen und neue Vorgehensweise vereinbaren
	Praktischen Nutzen der Infos darstellen oder Infos einstellen
S* Es gibt schon genug Vorschriften und Gesetze	Nur notwendige Regelungen dokumentieren
Selbstzufriedenheit	Verstärken der Sensibilität für die Realität der Organisation.

Probleme	Argumente/Maßnahmen
S* QM reicht für Teilbereiche aus	Zukunftssicherheit für alle Bereiche anstreben: Ausreichende Dokumentation des Know-hows und der Prozesse
Mangelnde persönliche Qualität	Persönliche Forderungen erkennen und erfüllen
S* Kein Kundendruck	Eigennutzen darstellen
2.5 METHODE	
Arbeitsmethodik	
S* Bürokratie	Unnötige Regeln streichen; restliche Regeln mit Qualität, Kosten, Ertrag, Zeit begründen
S* Zeitmangel (Priorisierung)	Die Priorität kann durch eine sachgerechte Nutzenargumentation erhöht werden
QM-Projekte	
Ungenügende Qualifikation des QB	QB qualifizieren/schulen lassen
S* Fehlende Einbindung der GL in die QM-Entwicklung	GL in die QM-Entwicklung einbinden
S* Besser gleich TQM	Entsprechend eines gewissen IST-Zustands kann es sinnvoller sein, zunächst ohne Anwendung der TQM-Methode ein QMS zu betreiben.
Führungsmethode	
S* Kein Bezug zur eigenen Arbeit hergestellt	Bezug zur eigenen Arbeit herstellen (Mitarbeiter und GL!)
S* Fehlende Q-Ziele	Q-Ziele mit betriebswirtschaftlicher Relevanz darstellen

Bild 2-2: Tabellarische Übersicht und Erklärung zum Fischgrätendiagramm (Bild 2-1)

2.1 Organisation

Qualität kann heute nicht mehr von Einzelnen, sondern nur durch Gruppen erreicht werden. Hierzu bedarf es eines hohen Maßes an Teamfähigkeit und Kooperation. Auf individueller Ebene und auf der Ebene von Gruppen und Bereichen besteht jedoch häufig **Konkurrenz statt Kooperation**. Dies zu ändern erfordert identische Beurteilungskriterien und Sichtweisen der Kooperation. Die gemeinsame Arbeit ist zu sichern. Nach Bedarf sind Schulungsmaßnahmen durchzuführen, die Fähigkeiten vermitteln, den Forderungen gerecht zu werden. Schnittstellen und Zuständigkeiten der Unternehmensbereiche sowie die Ziele und Verantwortlichkeiten im QMS müssen identifiziert und dokumentiert werden.

Der Qualitätsgedanke geht von der Führung eines Unternehmens aus und muß durch die Mitarbeiter im gesamten Unternehmen gelebt werden. Eine entsprechende „Führungsphilosophie" (Führungskultur, Führungsstruktur und Führungsstil) muß für das ganze Unternehmen geschaffen werden. Bei der Umsetzung dieser Philosophie sind alle Führungskräfte gefordert.

Auf dem Wege zur Zielerfüllung kann ein Denken der Belegschaft in Positionen statt in Aufgaben und Prozessen zu erheblichen betrieblichen Störungen führen.

Dem kann durch zielgerichtete Prozeßorientierung und Förderung der Teamfähigkeit und Teamorientierung begegnet werden. Letzteres kann dadurch erreicht werden, daß das Teamverhalten der Mitarbeiter zu einem Bestandteil der Leistungsbewertung wird.

Das genaue Festlegen der Qualifikation, Befugnis und Verantwortung ist notwendig, um Initiative und Eigenverantwortlichkeit zu fördern. Diese Festlegungen sollen sich nicht an Hierarchien anlehnen, sondern sich primär an Prozessen orientieren. Hemmend wirkt hingegen ein ungenügender Informationsfluß oder eine Informationskette mit „Sumpfschichten". Die **Kommunikationswege** zwischen „oben" und „unten" sind meist **zu lang**. Hier gehen oft wichtige Informationen verloren. Eine direkte und freizügige Informationspolitik ist daher anzustreben.

2.2 Mittel (Kapazitäten)

Die **Fehleinschätzung des Verhältnisses von Aufwand für QM zu Nutzen durch QM** ist ein häufig auftretendes Problem. Anspruchsvolle und an der Unternehmensstrategie orientierte Qualitätsziele können die Problemlösung unterstützen Der Nutzen sollte idealer Weise über dem Aufwand liegen. (Näheres hierzu im DGQ Bericht/Band 14-18, Wirtschaftlichkeit durch Qualitätsmanagement)

Das Nichteinhalten von **Terminen** sowie ständiger **Zeitmangel** sind weitere Probleme in vielen Organisationen. Bei Kapazitätsproblemen, die durch Nichteinhaltung von Terminen oder Zeitmangel entstehen, müssen jedoch entsprechende Neuorientierungen für das Zeitmanagement stattfinden. Hier können festgelegte Prioritäten durch eine sachgerechte Nutzenargumentation erhöht werden. Ansatzpunkte bilden dabei z. B. die Reduzierung von nicht wertschöpfenden Tätigkeiten oder die ständige Verbesserung in kleinen Schritten.

Wenn **ungenügende Personalkapazitäten** (**Personalmangel**) bzw. kein qualifiziertes Personal) vorhanden sind, muß konsequente Personalentwicklung bei der Einführung eines Managementsystems betrieben werden. Hierzu sind nicht nur die im System direkt eingesetzten Fachleute, sondern alle Mitarbeiter einzubinden. Stehen keine qualifizierten Mitarbeiter zur Verfügung, so können externe Berater in derartigen Situationen besonders hilfreich sein.

Die meisten Mitarbeiter verstehen sich nicht als reine Ausführungsorgane, sondern wollen informiert werden und sich kreativ und interessiert engagieren. Dieses Potential sollte für die hochgesteckten Ziele laufend genutzt werden. Es sollten aber immer auch Freiräume für kreatives Hinterfragen oder konstruktive Kritik vorhanden sein.

Beim Qualifizieren von Personal ist ebenfalls immer der Aufwand gegen den Nutzen abzuschätzen.

2.3 Mensch

Qualität beginnt bei den Menschen und nicht bei den Produkten. Die Umsetzung des Qualitätsgedankens setzt **persönliches Engagement** voraus.

Die häufigsten Ursachen für das Scheitern von organisatorischen Veränderungen sind die Beteiligten selbst. Fehler sind z. B. die zu geringe Einbeziehung der Mitarbeiter bei der Festlegung der Einführungsstrategie, konzeptionelle Fehler der Projektteams und organisatorische Mängel bei der Einführung und Umsetzung neuer Organisationsformen.

- Grundsätzlich ist davon auszugehen, daß es kaum Veränderungen ohne Widerstände der Betroffenen gibt. Im Gegenteil, das Ausbleiben von Widerständen sollte Anlaß zur Besorgnis sein. Widerstände sind immer verdeckte „Botschaften", die, wenn sie unbeachtet bleiben, leicht zu Blockaden führen können. Ursachen für Widerstände können sowohl die **individuellen** als auch die **sozialen** Fähigkeiten und die nicht zu unterschätzenden **Ängste** der Mitarbeiter sein.

Personenbezogene Ängste

- Die aufgrund von Veränderungen hervorgerufenen Ängste und Befürchtungen können Mitarbeiter in allen Hierarchieebenen der Organisation betreffen. Die Führungsebene z. B. kann Angst haben, **Kompetenzen abzugeben** und sich in ihrer neuen Rolle selbst zu disziplinieren. Führungskräfte, die Angst haben Kompetenzen abzugeben, kümmern sich meist auch um Sach- und Routineaufgaben, d. h. um Alltagsgeschäfte, die nicht zu ihrer Führungstätigkeit gehören. Sie sind dadurch ständig im Streß, vernachlässigen ihre eigentliche Führungsaufgabe und merken nicht, daß sie bei dieser Verhaltensweise ihre Mitarbeiter zu „Befehlsempfängern" erziehen, die dann nicht bereit sind, Eigeninitiative zu entwickeln und Verantwortung zu übernehmen.

- Eine große Zahl von Mitarbeitern, die an Einzelarbeitsplätzen eingesetzt werden, haben **Angst, in Gruppen** zu arbeiten. Sie haben meist auch Angst, **neue Aufgaben** und **die Verantwortung** für ihre neue Tätigkeit zu **übernehmen**. Besonders für diese Mitarbeiter ist Teamentwicklung unerläßlich. Wichtige Voraussetzungen für eine erfolgreiche Teamentwicklung sind die Offenheit über die Ziele des Trainings und die freiwillige Teilnahme. Die Unternehmensleitung sollte unbedingt in die Teamentwicklung mit einbezogen werden. Für die Anfangsphase der Teamentwicklung empfiehlt es sich, einen internen oder externen Berater zu beauftragen. Ergeben sich Schwierigkeiten bei der Teamentwicklung, so soll ein Berater (Coach) die Teamentwicklung über längere Zeit begleiten.

- Bei **ausgeprägten Einzelarbeitern** kann nur durch eine sorgfältige Auswahl bei der Teamzusammensetzung (z. B. mit Hilfe eines Fragebogens: Wer kann/will mit wem?) und sorgfältige Teamentwicklung versucht werden, sie in eine Gruppe zu integrieren. Führen die Maßnahmen der Integration nicht zum Erfolg, so ist es sinnvoll, diese Mitarbeiter auf Einzelarbeitsplätzen zu beschäftigen und sie zu einzelnen Projekten (als Spezialist) hinzuzuziehen. Mit großer Wahrscheinlichkeit müssen nicht alle Tätigkeiten in einem Unternehmen in Teamarbeit durchgeführt werden. Gegebenenfalls können externe Berater einbezogen werden.

Soziale Fähigkeiten

- Mitarbeiter haben auch Angst, wenn ihre bisherigen **Kompetenzen entwertet, in Frage gestellt** oder z. B. durch den Einsatz der EDV nicht mehr benötigt werden. Die Ängste der Mitarbeiter können verringert bzw. überwunden werden, wenn
  - sie in ihrer Sicherheit und Selbständigkeit nicht bedroht sind.
  - sie sich ihrer Bedeutung im Leistungsprozeß bewußt sind und sie in ihrer Arbeit nicht überfordert werden.
  - sie von der Notwendigkeit und Zweckmäßigkeit der Maßnahmen überzeugt sind.
  - sie an der Feststellung des Ist-Zustandes frühzeitig beteiligt werden.
  - die Gruppenentscheidungen bei der Einführung berücksichtigt werden.
  - die geplanten Veränderungen mit den „Werten" und „Idealen" des Unternehmens übereinstimmen.
  - Korrekturen aufgrund von negativen Erfahrungen (z. B. im kontinuierlichen Verbesserungsprozeß) möglich sind.
  - der Veränderungsprozeß mit interessanten, neuen Erfahrungen verbunden ist

Darüber hinaus sind zurückhaltende und zu „vorsichtige" (ängstliche) Mitarbeiter zu überzeugen, daß Arbeitsprozesse am besten gestaltet werden können, wenn Entscheidungen vor Ort getroffen werden. D.h. von den Mitarbeitern, die die meisten Informationen und Fähigkeiten zur Lösung eines Problems besitzen.

- Für die Überwindung bzw. Verringerung von Widerständen, die auf den sozialen Verhaltensweisen der Mitarbeiter beruhen, wie z. B. **geringe Kooperationsbereitschaft** und **mangelnde Toleranz**, ist es sehr wichtig, die Mitarbeiter sorgfältig auf die Gruppenarbeit und das gemeinsame Unternehmensziel vorzubereiten. Gruppen bzw. Teams sind im Idealfall auf ein gemeinsames Ziel zu verpflichten, sie sollen harmonisch zusammenarbeiten, Freude an der Arbeit haben und Leistungen erbringen, die über den Leistungen anderer Organisationsformen liegen. Bereits die Zusammensetzung der Gruppen erfordert viel Fingerspitzengefühl und es gilt herauszufinden, „wer mit wem kann bzw. nicht kann". Auch private Kontakte unter Mitarbeitern, können bei der Auswahl von Mitarbeitern von Bedeutung sein.

Individuelle Fähigkeiten

- Die Ursache für **mangelnde Kritikfähigkeit** kann übertriebene Höflichkeit, ein falsch verstandenes Zusammengehörigkeitsgefühl, Unfähigkeit im Umgang mit Kritik oder die Angst sein, das Gesicht zu verlieren. Unter Kritik ist in diesem Zusammenhang die sogenannte konstruktive Kritik (im Gegensatz zur destruktiven Kritik) zu verstehen. Die konstruktive Kritik zielt meist auf Sachen; die destruktive Kritik richtet sich meist auf Personen. Kritikfähigkeit ist eine wesentliche Voraussetzung für erfolgreiche Gruppenarbeit.

Kritikfähigkeit bedeutet hier, Arbeitsabläufe oder Projekte zu analysieren, Stärken und Schwächen aufzuzeigen, persönliche Beurteilungen vorzunehmen, bzw. zu akzeptieren und konstruktive Rückmeldungen entsprechend aufzuarbeiten.

Mit Hilfe von Kritik werden Fehlerquellen beseitigt und gegebenenfalls Verhaltensweisen korrigiert. Dies erfordert in den meisten Organisationen einen Bewußtseinswandel. An die Stelle der traditionellen Vorgehensweise, Fehler zu suchen und Schuld zuzuweisen (führt zu Ängsten), muß ein Bewußtsein erzeugt werden, in dem die Fehlersuche als normaler Arbeitsvorgang angesehen wird.

Bei mangelnder Kritikfähigkeit ist mit der Offenlegung von Kritik vorsichtig umzugehen, damit nicht Streit oder Verweigerung provoziert wird. Die richtige Form der Kritik ist von großer Bedeutung: möglichst unter vier Augen, bei klaren Sachverhalten, die abschließende Beurteilung sollte erst nach der Stellungnahme des Mitarbeiters erfolgen.

Ältere Mitarbeiter können durch offene Kritik in ihrem Selbstwertgefühl beeinflußt werden; sie kann manchmal bedrohlich auf sie wirken, weil sie sich unter Umständen zu den „Erbauern" der bestehenden Arbeitsverhältnisse zählen. Bei diesen Mitarbeitern ist die Einsicht zu vermitteln, daß das Offenlegen von Fehlern und Unzulänglichkeiten Voraussetzung für den ständigen Verbesserungsprozeß/Fortschritt ist. Die Schulung der Kritikfähigkeit sollte zunächst außerhalb des betrieblichen Alltags erfolgen und später in persönlichen Gesprächen und in Gruppensitzungen fortgeführt werden.

- Mitarbeiter, die ein **ungezügeltes emotionales Verhalten** zeigen (z. B. leicht aufbrausend, beleidigend, mit Gegenständen werfend), sind in persönlichen Gesprächen, evtl. durch Mitarbeiter, die den besten Zugang zu ihnen haben, auf die Unangemessenheit und die Folgen ihres Verhaltens aufmerksam zu machen.

- **Vorurteile** beruhen häufig auf unzulässigen Verallgemeinerungen, bei denen vom Einzelfall auf alle(s) übertragen wird. Sie können auf den einzelnen Sachverhalt zutreffen, die Übertragung auf alle(s) ist aber unzutreffend. Vorurteile können abgebaut werden, in dem an allgemeinen und konkreten Beispielen aufgezeigt wird, daß die Vorurteile nicht zutreffen.

- **Mangelnde fachliche Fähigkeiten** sind durch Schulungsmaßnahmen zu beheben oder durch Personalumsetzungen zu vermeiden.

Überforderungen und Unterforderungen sollten aus psychologischen Gründen vermieden werden.

Die Einführung von QM setzt ein auf Transparenz, Kommunikation und Kooperation ruhendes Führungsverhalten voraus. Dazu gehört auch die uneingeschränkte Unterstützung durch die Führungsebene der Organisation. Sie verringert die Widerstände der Mitarbeiter und ist eine wesentliche Voraussetzung für die erfolgreiche Umsetzung. Häufig handeln Führungskräfte nach dem Prinzip „Wissen ist Macht", d. h. sie halten Informationen nach „unten" und „oben" oder zu anderen Abteilungen und Mitarbeitern zurück, um ihre Bedeutung in der Organisation zu demonstrieren. Dieses Verhalten ist sehr schädlich für die Einführung neuer Organisationsformen und kann diese zum Scheitern führen.

2.4 Information

Ein wichtiges Element der Innovation in vielen Bereichen unseres Lebens ist die Information. Liegt sie

- aktuell,
- zum gewünschten Zeitpunkt,
- mit der geforderten Tiefe,
- am richtigen Ort

vor, so kann von einem guten Informationsfluß gesprochen werden, der sich positiv auf die Qualität der Leistungen auswirken wird. Dieses ist jedoch zusätzlich abhängig vom Verhalten der Informationsträger, da Widerstände, die zu Störungen führen, vor allem persönliche Ursachen haben. Einige sind in den folgenden Absätzen beschrieben.

Die Kommunikation nützt wenig, wenn die Informationen nicht die beabsichtigte Verwendung finden und/oder die gewünschte Reaktion nicht eintritt. Gründe dafür können bestehen

- in persönlichen Eigenheiten,
- in der Informationslenkung,
- in der Informationsart,
- im Informationsumfang,
- im fehlenden Bezug zu anderen Informationen.

Kommunikation

Persönliche Animosität entsteht zeitweise oder bei bestimmten Vorfällen aus schlechten Erfahrungen in der Vergangenheit, Neid, Konkurrenzgedanken, u.v.a.. Durch den Willen zur guten Zusammenarbeit und ein aufrichtiges Verhalten aller Beteiligten wird ein Klima für eine wirkungsvolle Kommunikation geschaffen, welches notwendige Voraussetzungen bringt.

Persönliche Differenzen sollten in einem offenen Gespräch, eventuell unter Mithilfe einer Vertrauensperson, ausgeräumt oder zumindest soweit neutralisiert werden, daß die Teamarbeit nicht beeinträchtigt wird.

Eine **nicht ausgesprochene** (nonverbale) **Ablehnung**, die durch Mimik, Gestik oder Körperhaltung zum Ausdruck gebracht wird, ist schwieriger erkennbar und korrigierbar als andere Störungen im Informationsfluß. Ihre Vielfältigkeit wird hervorgerufen durch Scheinargumente, Ängste, Verluste durch Preisgabe eigenen Wissens und andere Merkmale.

Es gilt die dahinter stehende personenbezogene Struktur der Motive zu erkennen und bei der Argumentation zur Einleitung einer Verbesserungsmaßnahme entsprechend zu berücksichtigen. Diese könnte dazu ermutigen, die Ablehnung verbal vorzubringen. Damit wird das Bewußtsein gefördert, daß nur geäußerte Widerstände dazu führen können, unterschiedliche Auffassungen im Dialog einander anzunähern.

Dem Informationsaustausch bieten sich sehr verschiedene Arten der **Kommunikation**. Die heutige Technik hat Möglichkeiten der elektronischen Kommunikation geschaffen, die es erlauben, Informationen in Form von Text, Bild und Sprache, von jedem entsprechend eingerichteten Arbeitsplatz aus zu senden und zu empfangen. Eine Voraussetzung ist die Organisation des Informationsflusses, die so zu gestalten ist, daß die Verantwortlichkeit, die Richtung (Hol- und Bringschuld), der Umfang sowie der Bezug zu anderen Informationen bestimmt ist. Eine **Nichtberücksichtigung von Informationen** aufgrund von komplizierten Verwaltungsaufwand sollte vermieden werden.

Mißverständnisse bei der Kommunikation können dann besonders leicht entstehen, wenn Begriffe nicht eindeutig definiert, dokumentiert oder angewandt werden. Notwendige Begriffe sollten in dem Umfang erläutert werden, wie es für den jeweiligen Wissensstand und Anwendungsbereich erforderlich ist.

Kommunikationsdefizite, die auf die organisatorische Struktur oder auf menschliches Verhalten zurückzuführen sind, können durch Schulungsmaßnahmen abgebaut werden.

Bei **formalen Schwächen** kann die Organisation der **Informationslenkung** verbessert werden. Dieses könnte z. B. durch Anweisungen erfolgen. Wenn persönliche Gründe dafür erkannt werden, sollte auf die Folgen dieses Verhaltens hingewiesen werden. Durch geeignete und vereinbarte Vorgehensweisen, die einen Bezug zu seinem Umfeld, wie den Zielen des Unternehmens und der Abteilung darlegen, ist der Betroffene bereit, sein Verhalten zu verändern, da sein Gesamtverständnis dazu beiträgt, die erhaltenen Informationen zu berücksichtigen. Einem motivierten Mitarbeiter wird es zukünftig leichter fallen, entsprechend zu verfahren.

2.5 Methode

Ein weiterer Block von Argumenten gegen die Einführung von QMS resultiert aus Vorstellungen zur Vorgehensweise und dem Führungs- bzw. Moderationsverhalten des Projektverantwortlichen.

QM-Projekte

Fehler bei der Durchführung von QM-Projekten führen häufig zu Widerständen, die der Projektverantwortliche selbst verursacht hat.

Ungenügende Qualifikation des QB bringt z. B. fehlerhafte Interpretationen der Normforderungen mit sich und damit häufig überzogene Forderungen an einzelne Stellen/Funktionen. Daneben sind sehr gute betriebswirtschaftliche und technische Kenntnisse erforderlich, um Kosten-, Nutzen- und Risikoargumentationen vortragen zu können, die von den Unternehmenszielen abzuleiten sind (s. a. DGQ-Band 14-18: Wirtschaftlichkeit durch Qualitätsmanagement). Die Norm orientiert sich in allen Punkten am Kunden- und Unternehmensinteresse. Letztlich zeigt jeder Widerstand, dem nicht sachgemäß begegnet werden kann, einen – wenigstens situationsbedingten – Qualifizierungsbedarf auf.

Daher ist der QB entsprechend auszuwählen, zu qualifizieren oder auch extern zu unterstützen.

Fehlende Einbindung der Geschäftsleitung in die QMS Entwicklung: Da das QMS ein Mittel der Geschäftsleitung zum Erreichen der Qualitätsziele und weitergefaßt auch aller Unternehmensziele ist, muß derjenige, dem der „Anzug passen soll" selbstverständlich auch mitwirken. Zweifellos wird die Geschäftsleitung „ihr QMS" nicht gut gebrauchen können, wenn sie ihre Vorstellungen nicht eingebracht hat. Die Geschäftsleitung hat zwar einen QB, der sie operativ bei der Ausgestaltung des Systems unterstützt, aber die Marschrichtung und wesentliche Details, durch die sich das Unternehmen vom Wettbewerb abhebt, müssen von der Geschäftsleitung kommen. Sie muß auch kontrollieren, ob sie richtig verstanden wurde und ihre Forderungen erfüllt wurden. Auf diese Punkte sollte der QB hinweisen, wenn die Geschäftsleitung sich zu wenig um die Entwicklung des Systems kümmert. Hierbei muß der QB die Geschäftsleitung erfahrungsgemäß häufig auf die Problematik hinweisen und entsprechend überzeugend aus der Sicht der Geschäftsleitung argumentieren.

„Besser ist gleich TQM": Wenn die Geschäftsleitung sich mit der Frage auseinandersetzt, ob denn zuerst „ISO 9000-Familie" oder TQM eingeführt werden solle, ist es zweckmäßig, ein TQM-Projekt zu starten, das auch die Darlegungsforderungen der ISO 9001 berücksichtigt. Beim Erstellen der Dokumentation zur Vorbereitung der Zertifizierung nach z. B. ISO 9001 sollten dann auch Gesichtspunkte wie „Kundenorientierung", „Mitarbeiterorientierung", „Prozeßorientierung" beachtet werden. Dies sind typische TQM-Gesichtspunkte, die z. B. durch Erarbeiten der Dokumentation in Arbeitsgruppen mit betroffenen internen Kunden und Lieferanten realisiert werden. Mit Erscheinen der Kernnormen der ISO 9000:2000-Familie werden diese Argumente hinfällig.

Arbeitsmethode

„Zeitmangel" wird als Argument immer wieder vorgeschoben, wenn man begründen will, daß man an der Arbeit der Arbeitsgruppen weder als interner Kunde noch als interner Lieferant mitarbeiten will. Es signalisiert, daß der Betroffene die großen Einwirkungsmöglichkeiten, die ihm die Mitarbeit eröffnet, noch nicht erkannt hat. Häufig hat er das Prinzip des „internen Kunden und Lieferanten" noch nicht verinnerlicht und setzt daher die Priorität für andere Aktivitäten höher an als für die Mitarbeit am QM-Projekt. Er könnte sein eigenes Arbeitsumfeld so gestalten, daß er frustrationsfreier arbeiten kann. Er könnte von seinen internen Kunden hören, was sie wirklich von ihm fordern und mit welchen Leistungen er sein Unternehmen im Wettbewerb am besten stärken kann. Vorausgesetzt ist jedoch, daß der Betroffene ausreichend geplante Zeit zur Verfügung hat.

Die Befürchtung, daß mit einem QM-Projekt **Bürokratie** eingeführt oder verstärkt wird, muß man sehr ernst nehmen. Die Gefahr ist groß, daß zu viele und zu detaillierte Regeln dokumentiert werden. Man kann der Gefahr durch die Aufforderung begegnen, nur Arbeitsanweisungen und Verfahrensvorschriften zu erstellen, wenn die Notwendigkeit von der Arbeitsgruppe im Konsens festgestellt wird. Arbeitsregeln, die ein normal qualifizierter Bewerber um eine Stelle bereits kennt, werden nicht dokumentiert. Vielmehr sollten unnötige Regeln gestrichen werden und alle erforderlichen mit der Notwendigkeit zur Qualitätsverbesserung, Kostensenkung, Ertragssteigerung, Zeitersparnis begründet sein.

Führungsmethode

Keinen **Bezug zur eigenen Arbeit** hergestellt: Solange eine Führungskraft den Nutzen eines QMS für sich persönlich und ihren Zuständigkeitsbereich nicht erkennt, wird sie innere Widerstände gegen viele Aktivitäten aufbauen. Der Sachverhalt wurde bereits unter dem Punkt „Zeitmangel" dargestellt. Aus diesem Grund ist es zwingend erforderlich, daß sich die Führungskraft mit dem QMS identifiziert. Durch die Mitarbeit hat jeder die Möglichkeit, die Gestaltung seiner Arbeitsbeziehungen und seine Arbeitsmethoden selbst zu beeinflussen. Dies ist im Einzelfall konkret darzustellen.

Fehlende Q-Ziele: Wer als Leiter einer Organisation nur die engen Forderungen der Darlegungsnorm erfüllen will und nicht die weiterführenden Möglichkeiten erkennt, die mit dem QMS als Werkzeug erreicht werden sollen, verschenkt ein wichtiges Mittel, um dieses auf die effektiven Notwendigkeiten und Ziele auszurichten. Das bedeutet, daß nicht nur produktorientierte Qualitätsziele sondern auch Ziele mit betriebswirtschaftlicher Relevanz dargestellt werden sollten. Jede Formulierung kann dann daran gemessen werden, ob sie dazu dient, diese Ziele zu erreichen.

Die **Vorbildfunktion** eines QB ist wichtiger als einzelne gut gemeinte „Schulungen" und Appelle. Hierauf sind auch die Führungskräfte hinzuweisen. Durch falsche Vorbilder wird der ganze Veränderungsprozeß torpediert.

3 Prozeßorientierung in der Dienstleistung

Grundsätzliche Erläuterungen zur Prozeßorientierung von Geschäftsprozessen sind u. a. im DGQ Band 12-01 „Integration unternehmerischer Funktionen in ein allgemeines Managementsystem" und der Basisliteratur [Masing] zu finden. In den folgenden Abschnitten wird auf Dienstleistungsprozesse im Besonderen eingegangen.

Verfahrensanweisungen regeln Abläufe und Zuständigkeiten im Prozeßablauf der Dienstleistung und dienen der Prozeßlenkung. Hierdurch wird sichergestellt, daß alle Prozesse unter beherrschten Bedingungen ablaufen.

3.1 Typen und Arten von Dienstleistung

Um der unterschiedlichen Struktur und Art von Dienstleistungen gerecht zu werden, ist es erforderlich, eine Typisierung der Dienstleistung durchzuführen. Zunächst werden die Kriterien

A) Mensch-Maschine-Kontinuum im Dienstleistungsmedium,
B) Anteil materielles Produkt – Dienstleistung am Angebotsprodukt,
C) Art der Schnittstellen und
D) Sichtbarkeit des Dienstleistungsprozesses für den Kunden

zur Unterscheidung festgelegt.

Zu A) Mensch-Maschine-Kontinuum (MMK) im Dienstleistungsmedium

Typ	Kontinuum		Beispiel
I.	Maschine	– Maschine	Roboter bedient Schweißgerät*
II.	Maschine	– Mensch	Drucker meldet Papierstau
III.	Mensch	– Maschine	Bedienung Geldautomat
IV.	Mensch	– Mensch	Medizinische Beratung

Bild 3-1: Dienstleistungsbeziehungen von Menschen und Maschinen

* Maschine – Maschine-Kontinuum beschreibt keine Dienstleistung, die Prozesse aus I.– III. sind ähnlich wie Maschinenprozesse strukturiert.

Hingegen können Prozesse von IV hinsichtlich Ihrer Interaktion durch Dienstleistungswirkungseinheiten (DLWE) beschrieben werden.

Unter DLWE ist folgender Zusammenhang zu verstehen:

Die produktbezogenen und personenbezogenen Dienstleistungen lassen sich qualitativ beschreiben. Die Darstellung von personenbezogenen Dienstleistungen beziehen das „Was" (Sachebene) und das „Wie" (Erlebensebene) mit ein. Hingegen sind Fragen nach dem „Warum" (psychologische Zusammenhänge) derzeit nicht darstellbar.

Über empirische Analysen vor dem Hintergrund der morphologischen Psychologie nach Prof. W. Salber, Universität Köln, gehen auf solche Wirkungszusammenhänge ein [Diemer]. Dort werden Relationen zwischen Ausprägungsformen von Prozessen und Wirkungsstrukturen der Dienstleistung abgebildet. Das Bindeglied zwischen der Auswirkung einer Dienstleistung und der Ausprägung von Prozessen liegt in der Persönlichkeitspsychologie der Personen, die sich wiederum aus der Summe der Reaktionen auf eine Dienstleistung ergibt. Ein praktisches Beispiel zum Kundenverhalten bei Wartezeiten in der Finanzdienstleistung findet sich in Anhang 5.

Die DLWE finden in DL-Fraktalen (s. a. Bild 3-2) Anwendung, die den Zusammenhang zwischen der Zieldefinition und -erreichung darstellen.

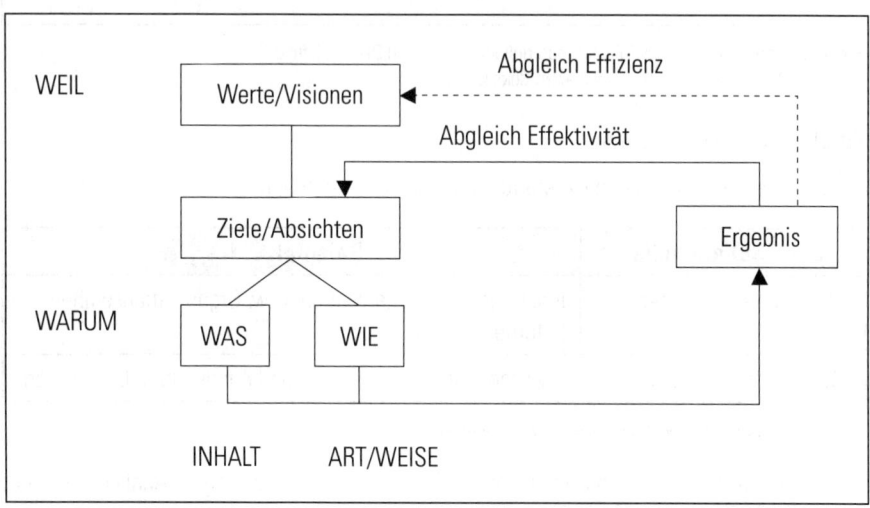

Bild 3-2: Dienstleistungsfraktal

Zu B) Anteil materielles Produkt – Dienstleistung am Angebotsprodukt:

Angebotsprodukte setzen sich aus je einem Anteil an materiellen Produkten und Dienstleistungen zusammen, deren Anteil sich je nach Anwendung ändert, in der Summe aber immer 100 % ergibt.

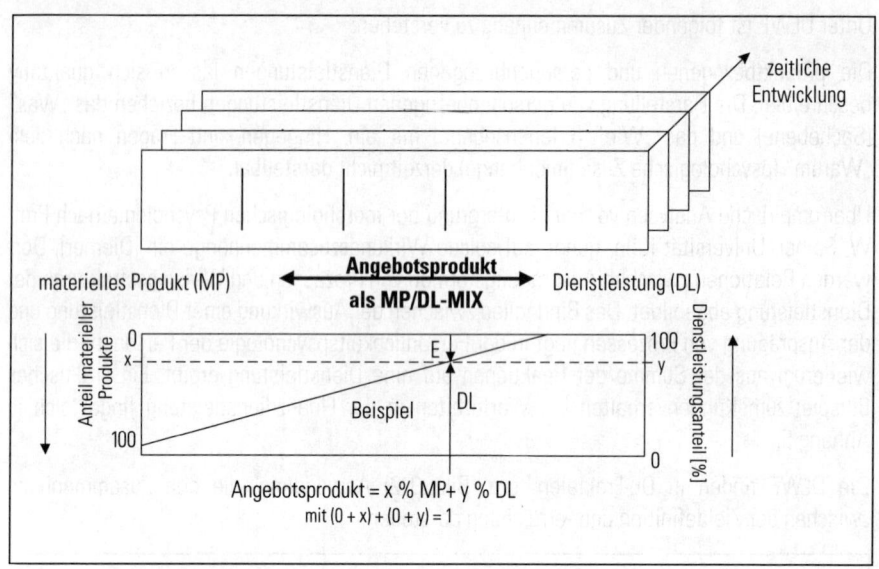

Bild 3-3: Angebotsprodukt als Mix aus materiellem Produkt und Dienstleistung
(Quelle: WERCKMEISTER MANAGEMENT CONSULTING)

Zu C) Art der Schnittstellen:

Es gibt zwischen Kunden und Lieferanten folgende Schnittstellen:

Typ	Schnittstelle		Beispiel
I	Intern	Intern	Innerhalb einer Organisation, bzw. Organisationseinheit (interner Kunde)
II	Intern	Extern	Zwischen einer Organisation und Kunden bzw. Lieferanten

Bild 3-4: Schnittstellen zwischen Kunden und Lieferanten

Schnittstellen des Typs I sind einfacher als Typ II zu lenken und weisen Ähnlichkeiten mit Prozessen des Kriteriums **A** auf.

Schnittstellen des Typs II sind schwierig abzubilden, da individuelle und immer wieder neue Kunden an der Schnittstelle sind.

Zu D) Sichtbarkeit des Dienstleistungsprozesses durch den Kunden:

Der Dienstleistungsproceß besteht aus mehreren Teilprozessen, von denen der Kunde üblicherweise aufgrund des „Eisbergeffekts" nur die „Spitzen" wahrnimmt und bewertet.

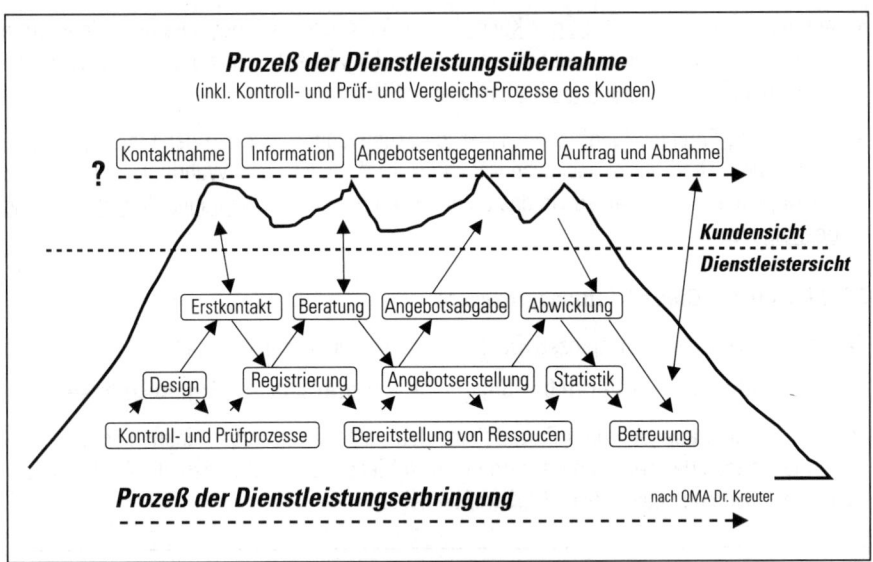

Bild 3-5: Der Kunde sieht durch Kundenkontaktpunkte nur die Spitze des Eisbergs

Um so wichtiger ist es, jede Dienstleistung geeignet in ihre einzelnen Schritte, Zustände = Teilergebnisse und Tätigkeiten = Aktivitäten zu zerlegen. Das ergibt überschaubare Prozeßketten und Prozeßnetzwerke. Sowohl alle Zustände als auch die dazwischen ablaufenden Aktivitäten sind von verschieden Seiten, vorrangig aus der Sicht des Kunden und nachrangig aus der Sicht des Dienstleisters zu betrachten.

Am Beispiel der häufig langfristigen Finanzdienstleistung wird die Unterscheidung von sieben Sichtweisen dargestellt:

- angebotene Standarddienstleistung (z. B. ein Sparplan, eine Absicherung), ein langfristiger Prozeß, damit in diesem Sinne ein Produkt,

- sachlich begründete Kundenforderung, wie sie anhand einer formalisierten Kundenanalyse vom Dienstleister ermittelt wird (z. B. Vorsorgebedarf),

- emotional begründete Kundenforderung, wie sie aus dem persönlichen Empfinden des Kunden abgeleitet ist (manchmal unrealisierbar),

- Beratung aus Sicht des Dienstleisters, in der der Kunde den notwendigen sachlich-fachlichen Rat zur Förderung einer richtigen Vertragsentscheidung erhalten sollte (Erarbeitung von Vorgaben für die Kern-Qualität),

- Beratung aus Sicht des Kunden, wie der Kunde die Beratung, das Spezial-Angebot und die Angebotsdarstellung empfindet und versteht,

- Anfangsbetreuung aus Sicht des Kunden, wie der Kunde nach der Beratung, die weitere Betreuung unmittelbar bei Realisierungsbeginn der vertraglich ausformulierten Wünsche empfindet (Feld für Zusatz-Qualität), und schließlich

- Verlauf und Ergebnis langfristiger Finanzdienstleistungen, wie sie der Kunde jahrelang erlebt, den Grad ihrer sachlichen Richtigkeit (Stunden der Wahrheit, neuralgische Punkte, siehe Anhang 6), sowie das emotionale Erleben von Betreuung, Korrekturen und Beendigung.

3.2 Phasen des Dienstleistungsprozesses

Der gesamte Dienstleistungsprozeß (DLP) läßt sich in vier Phasen unterteilen:

Potentialphase – Vereinbarungsphase – Prozeßphase – Ergebnisphase

Jede Phase kann aus mehreren Prozeßelementen bestehen. Darüber hinaus können innerhalb einer Phase oder zwischen mehreren Phasen Messungen stattfinden, die Auskunft über die quantitativen und qualitativen Meßgrößen geben.

Bild 3-6: Phasen des Dienstleistungsprozesses
(Quelle: WERCKMEISTER MANAGEMENT CONSULTING)

Zur näheren Darstellung der Phasen werden die Aktivitäten des Kunden und des Lieferanten in Bild 3-7 am Beispiel eines Arztbesuches dargestellt.

Die eckigen Klammern stellen die Sicht des Kunden und des Lieferanten dar. Im Verlauf des DLP nähern sich diese in vertikaler (zeitlich) und horizontaler (inhaltlich) Richtung, evtl. driften sie nach der Ergebnisphase wieder auseinander.

Die Messungen müssen festgelegt werden. Um die Phasen eines DLP mittels Qualitätsindikatoren bewerten zu können müssen Meßgrößen festgelegt (z. B. Prozeßlaufzeiten, Termintreue) und ihr Merkmalswert durch geeignete Verfahren (z. B. Erfassen und statistisches Auswerten) ermittelt werden. Bei der Auswahl der Meßgrößen sollte auf einfache

Messung (Zählen) und Auswertung geachtet werden. Qualitative Größen können mit Checklisten (ja, nein) und Abschätzungen (gering, mittel, hoch) gemessen werden. Diese müssen individuell pro DLP festgelegt werden, wie in diesem Beispiel jeweils aufgezeigt.

Das konkrete Ergebnis der Analyse eines DLP nach diesem Schema ist die bewußte Auseinandersetzung mit den jeweiligen Phasen und den unterschiedlichen Sichten (Kunde/Lieferant) innerhalb derselben Phase.

Der optimale Verlauf der Phasen stellt sich bei klarer Abstimmung zwischen Kunde und Lieferant über den jeweiligen „Status" innerhalb einer Phase ein. Dieser kann durch die Ergebnisse der Messungen nachgewiesen werden.

Phasen	Kunde	Lieferant
POTENTIALPHASE Sondierung/ Bereitstellung	Sondierung von bereitgestellten Ressourcen	Marketingaktivitäten (Sondierung von Kunden) und **Bereitstellung** von Ressourcen
	[———→ ←———]*	
Beispiel	Arztsuche in Medien, Befragung von Angehörigen und Bekannten	Er- und Einrichtung einer Arztpraxis, Einstellung von Ärzten und Arzthelferinnen
quantitativ Meßgrößen qualitativ	Anzahl Ärzte, Anzahl Erfahrungsberichte Art der Medien	Anzahl Wettbewerber, Anzahl Mitarbeiter Art der Qualifikation
VEREINBARUNGSPHASE Vereinbarung/ Spezifikation	**Vereinbarung** mit dem Lieferanten über die zu erbringende Dienstleistung	**Spezifikation** der Dienstleistung
	[———→ ←———]*	
Beispiel	Nennung der Symptome, Abstimmung über die zu diagnostizierende Krankheit	Festlegung der Diagnoseinhalte und Untersuchungsmethoden
quantitativ Meßgrößen qualitativ	Anzahl Symptome, Zeitdauer der Nennung Aussagekraft der Darstellung	Anzahl beherrschter Diagnosemethoden Aktualität der Kenntnisse

* **Phasenergebnis (Aktivität)**

– Folgeseite –

Phasen	Kunde	Lieferant
PROZEßPHASE Ausführung (DL-Erbringung)	**Abruf** der Bereitstellungsleistung	**Aktivierung** der Bereitstellungsleistung
	←—————*	
Beispiel	Teilnahme an einer ärztlichen Untersuchung und Beratung	Durchführung der ärztlichen Untersuchung und Beratung
quantitativ Meßgrößen qualitativ	Stärke der Schmerzen, Krankheitsbild Mitwirkungsfähigkeit	Anzahl geheilter Fälle dieser Krankheit Therapiesicherheit
ERGEBNISPHASE Ergebnis (Bewertung Kunde, After Sales)	**DL-Ergebnis** akzeptieren und aufnehmen	Bewertung der **erbrachten Dienstleistung** an Hand festgelegter Spezifikationen
	←—————*	
Beispiel	Durchführung der therapeutischen Maßnahmen und Genesung an der diagnostizierten Krankheit	Erstellung einer Diagnose und Verordnung einer Therapie, Erstellung eines Rezeptes
quantitativ Meßgrößen qualitativ	Zeitraum und Kosten der Heilung Gesundheitsgefühl	Anzahl geheilter Patienten, Ertrag der Behandlung Reputation, Image
MESSUNGEN Messen (phasenübergreifend)	**Bewertung** der **eigenen Zufriedenheit** zwischen jeder Phase	**Bewertung Kundenzufriedenheit** zwischen jeder Phase, Abgleich Lasten-/Pflichtenheft
	? ?	* ?
Beispiel	siehe quantitative und qualitative Meßgrößen der jeweiligen Phasen	

* **Phasenergebnis (Aktivität)**

Bild 3-7: Beispiel für Phasengestaltung einer Dienstleistung

Die Messungen berücksichtigen in besondere Weise die „Unschärfe" der Eigen- und Fremdbeobachtung der jeweiligen Phasen.

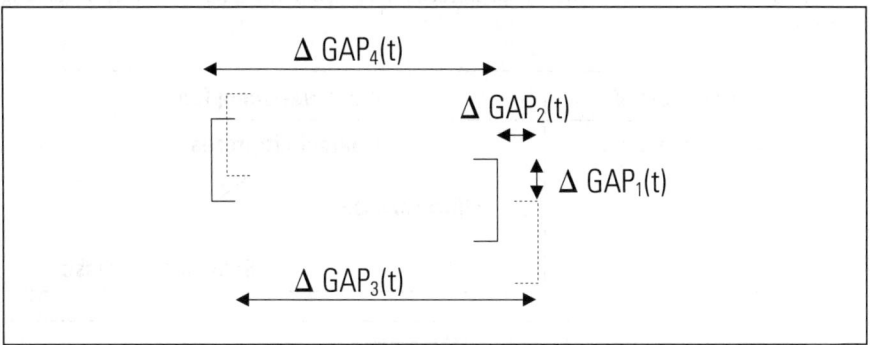

Bild 3-8: Unschärfebetrachtung (in Anlehnung an GAP-Modell aus FQS-Band 85-04)

Dieser Zusammenhang wird in der entsprechenden Fachliteratur als „GAP" (Englisch für Lücke) bezeichnet und wird daher hier nicht näher behandelt. Die Bewertung einer Phase aus Sicht des Kunden ergibt ein anderes Ergebnis als aus Sicht des Lieferanten. Dies bezieht sich sowohl auf inhaltliche, als auch auf zeitbezogene Bewertungen. Es können auch Kombinationen aus $\Delta\ GAP_1(t)$ bis $\Delta\ GAP_4(t)$ gebildet werden. Dies hängt jeweils vom gegenseitigen Einfluß der bewerteten Kriterien ab.

In diesem Beispiel bewertet der Patient das subjektive Schmerzempfinden (Kundensicht) einer Entzündung hinsichtlich der zeitlichen Nähe der Linderung anders, als der Arzt (Lieferantensicht) die Inkorporierung (Aufnahme) einer therapeutischen Substanz bezüglich der Heilung der Krankheit. Gemeint ist die nachhaltige Heilung einer Gelenkentzündung durch langfristig wirkendende homöopathische Substanzen statt der Verabreichung von rein schmerzstillenden Cortison-Präparaten (Kundensicht $\neq$ Lieferantensicht).

Der spezifische Dienstleistungsprozeß kann mit Ablaufplänen dargestellt werden, die alle Meßpunkte berücksichtigen und die Zuweisung von Verantwortungen und Befugnissen zu den Prozeßbeteiligten enthalten. Diese Vorgehensweise läßt sich in gängigen Verfahren des Prozeß- und Qualitätsmanagements nachvollziehen.

1. **Einteilung von Dienstleistungsprozessen**
2. **Wertschöpfungsprozesse, Schlüssel- und Stützprozesse:**
In Bild 3-8 werden Dienstleistungsprozesse nach dem Merkmal der Wertschöpfung differenziert.

wertschöpfend	nicht wertschöpfend
Kernprozesse	Querschnittprozesse Stützprozesse Schlüsselprozesse

Synonyme
Haupt-, Hilfs-, Neben-, Teil-, Unter-, Managementprozesse, operative Prozesse

Bild 3-9: Differenzierung von Prozessen
(Quelle: WERCKMEISTER MANAGEMENT CONSULTING)

Wertschöpfungsprozesse oder auch Kernprozesse genannt (s. a. Bild 3-10 die Prozesse 1, 2, 3), zeichnen sich durch positive oder negative Wertveränderung nach Prozeßausführung aus. Bei positiver Wertveränderung ist der Prozeß ertragsbildend (Idealfall).

Neben Wertschöpfungsprozessen sind Schlüssel- und Stützprozesse (s. a. Bild 3-9: Prozesse A, B, C) erforderlich. Ihre Ausführung führt nicht zu einer Wertveränderung. Sie zeigen

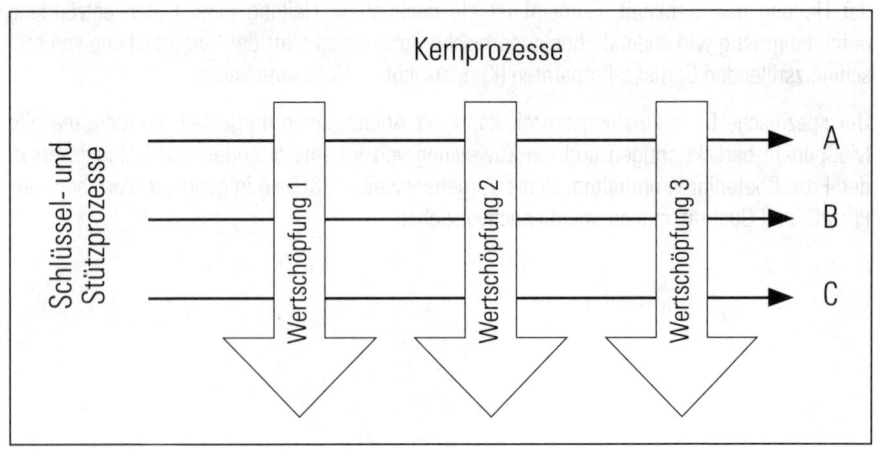

Bild 3-10: Zusammenwirken zwischen Prozessen
(Quelle: WERCKMEISTER MANAGEMENT CONSULTING)

Schnittstellen zueinander und damit Möglichkeiten zur Lenkung z. B. in Form von kontinuierliche Korrektur- und Vorbeugungsmaßnahmen auf.

In einem Prozeßmanagementsystem ist die Aufteilung in diese beiden Kategorien (mit/ohne Wertschöpfung) ein wertvoller Ansatz zur Prozeßoptimierung. Die Prozesse mit der größten Wertschöpfung bieten einen optimalen Ansatz für Verbesserungen, die den größten (spürbaren) Effekt in bezug auf die Wirtschaftlichkeit eines Unternehmens erzielen.

Beispiele für Wertschöpfungsprozesse:

- Produktion und Dienstleistungserbringung
  Dazu können auch Ermittlung/Prüfung der Kundenforderung, Design und Entwicklung, Beratung, Beschaffung u. a. gehören, sofern diese dem originären Unternehmenszweck zuzurechnen sind.

Beispiele für Stützprozesse:

- Lenkung von Dokumenten und Daten
- Einrichtung/Aufrechterhaltung QMS
- Messung, Analyse und Überwachung von Ergebnissen
- Fehlermanagement
- Beschwerdemanagement
- Verbesserung.

Beispiele für Schlüsselprozesse:

- Managementsystem (Bewertung, Lenkung der Effizienz)
- Personalentwicklung (strategisch, operativ)
- Umfassendes Qualitätsmanagement (TQM) (kontinuierlicher Verbesserungsprozeß (KVP)
- Gestaltung der Geschäftsprozesse (Kunden- und Mitarbeiterorientierung)
- Verantwortung gegenüber der Gesellschaft (Umweltmanagement)

3.3 Prozesse und Ablaufpläne

Mit Ablaufplänen können Prozesse visualisiert werden. Sie sollen einen Beitrag dazu leisten, um:

- Transparenz zu schaffen,
- Arbeitsabläufe und Aufgabenverteilungen festzulegen,
- das Risiko bei allen wesentlichen Entscheidungen zu minimieren,
- den Informationsstand aller Beteiligten sicherzustellen,
- Verbesserungen des Prozesses zur Optimierung der Qualität zu ermöglichen,
- Hilfestellung zur Unternehmensgestaltung zu geben und
- Erfahrungen und Ideen zur Fehlervermeidung zu unterstützen.

Die meisten Ablaufpläne zeigen Verantwortlichkeiten und Schnittstellen auf, geben jedoch selten quantitative und qualitative Meßgrößen an, die der Steuerung des Gesamtprozesses und somit der Dienstleistung dienen. Der Gesamtprozeß bildet mit dazugehörigen Phasen die Dienstleistung ab, siehe Bild 3-6.

Beispiel: Angebots- und Vertragsprüfung für Beratungsdienstleistung

Die Angebots- und Vertragsprüfung kann sich auf die nachfolgenden Elemente beziehen. Praxisbeispiele können Sie Anhang 1 entnehmen (Bilder A1-1 und A1-2).

- Annahmekriterien von Anfragen, Aufträgen, Kundenforderungen für die zu erbringende Dienstleistung
- Kriterien für die Angebotsabgabe
- Kriterien für die Erbringung der Dienstleistungen
- Bedingungen für Zahlung, Liefertermin, Art der Anlieferung, Auftragsumfang etc.
- Ein konkretes Beispiel aus einer Ingenieurgesellschaft belegt die Wichtigkeit der durchzuführenden Prüfungen
- Übereinstimmung von Anfrage und Angebot und gleiches Verständnis aller Beteiligten bezüglich Umfang und Inhalt der Leistungen
- Ermittlung der Beziehung zwischen der anzubietenden Leistung und dem tatsächlichen Kundenbedarf
- Verfügbarkeit der Ressourcen zur Erfüllung der Forderung und der Leistungserbringung
- klare und präzise Beschreibung aller Verpflichtungen zur Leistungserbringung in Bezug auf Termine, Umfang, Qualität, Inhalt, Preis und Verfügbarkeit der Leistung. Hierzu gehören auch die Verpflichtungen des Kunden.
- Beschreibung der Methoden der Leistungserbringung
- Beschreibung der wechselseitigen Beziehungen, Leistung-Kosten
- Gewährleistung und Haftung, siehe Anhang 2.

Eingehende Unterlagen (Aufträge/Verträge) und ausgehende Unterlagen (Angebote) werden auf sachliche Richtigkeit und Vollständigkeit geprüft, um die Erfordernisse für die Vertragserfüllung festzulegen. Geprüft wird ferner, ob die Forderungen angemessen bestimmt und dokumentiert sind. Fehlen zum Beispiel Forderungen für qualitätssichernde Maßnahmen, so sind diese nachzufragen. Pauschale Antworten wie „einwandfreie Qualität" bedürfen der Rücksprache mit dem Auftraggeber.

Die betreffenden Organisationseinheiten sind in die Angebots- und Vertragsprüfung mit einzubeziehen und prüfen die Möglichkeit zur Erfüllung der Forderungen. Rückfragen beim Auftraggeber bezüglich technischer Forderungen, Termine, Kosten, Qualitätsforderungen und zusätzlicher Maßnahmen erfordern eine vorherige Absprache mit der zuständigen Organisationseinheit, die in der Regel der Ansprechpartner für den Auftraggeber ist. Alle Aufzeichnungen, zum Beispiel

- Auftragsbestätigungen
- Empfangsprotokolle
- Anfragen der Kunden
- handschriftliche Aufzeichnungen
- Angebotsunterlagen von Unterlieferanten
- eigene Angebote
- Angebotsbearbeitungsformulare und
- Gesprächsprotokolle, auch über die Einbeziehung der Fachbereiche in die Angebots- und Vertragsprüfung

werden von der zuständigen Organisationseinheit entsprechend dem Normelement „Lenkung der Dokumente und Daten" gesammelt und produktbezogen archiviert.

Die oben genannten Punkte sind bei Angeboten und Verträgen im Regelfall für jedes Unternehmen relevant und deren Erfüllung sollte entsprechend der Prozeßziele durch angemessene Verfahren geprüft werden.

Im Anhang 1 finden Sie ein Beispiel für den Ablauf einer prozeßorientierten Beratungsdienstleistung zum Aufbau eines Managementsystems (Bild A1-3).

3.3.1 Von Ablaufplänen zu Prozeßbeschreibungen

Ablaufpläne stellen gerichtete Folgen von Aktivitäten dar und sind jeweils auf einen Aufgabenbereich bezogen.

Durch unterschiedliche Genauigkeiten, ungleiche logische Gruppierungen und unstimmige Hierarchien (Gruppen) ist der Ablauf von Prozessen schwer zu erkennen. Wenn Informationen über quantitative (und qualitative) Meßgrößen fehlen, ist nicht feststellbar, ob die Prozesse beherrscht sind. Darüber hinaus ist an Schnittstellen die Beteiligung der Ressourcen und die Art von Informationsinhalt, -form und -übergang unklar. Das Zusammenspiel zwischen dem wertschöpfenden Kernprozeß und den Schlüssel- und Stützprozessen ist schwer zu erkennen.

Um von Abläufen zu Prozessen zu gelangen, ist die Festlegung eines Prozeßelements mit Vorbedingungen, Verantwortlichkeiten (Funktionsträger), Aktivitäten, Ergebnissen erforderlich. Insbesondere sind für die Steuerung des Prozesses Rückkopplungen (Ein/Aus-Schnittstelle) und quantitative Meßgrößen relevant.

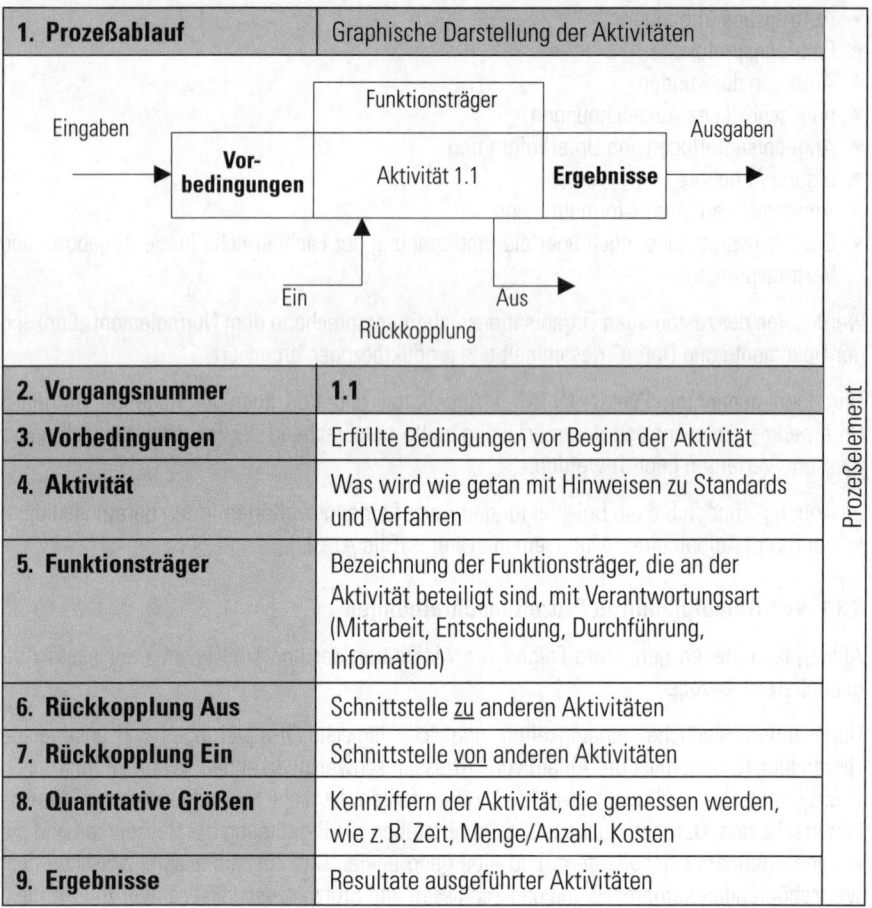

Bild 3-11: Systematische Darstellung einer Prozeßdokumentation

3.3.2 Gegenüberstellung Prozesse zur DIN EN ISO 9001:1994-08

Man muß bei den Dienstleistungen zwischen Erbringen der Dienstleistung (Tätigkeit/Prozeß des Erbringens) und der Dienstleistung selbst (Ergebnis/Produkt) unterscheiden. Dabei reicht die Bandbreite von der reinen beratenden Dienstleistung mit dem Ergebnis eines immateriellen Produktes bis zu Dienstleistungen deren Ergebnis, je nach Art, mit der Herstellung und der Lieferung materieller Produkte verbunden ist. Das Besondere an der Dienstleistung im Gegensatz zu einem rein materiellen Produkt ist in der Regel der persönliche Kontakt zum Kunden und die Nutzung dieses Kontaktes während der Gestaltung der Dienstleistung.

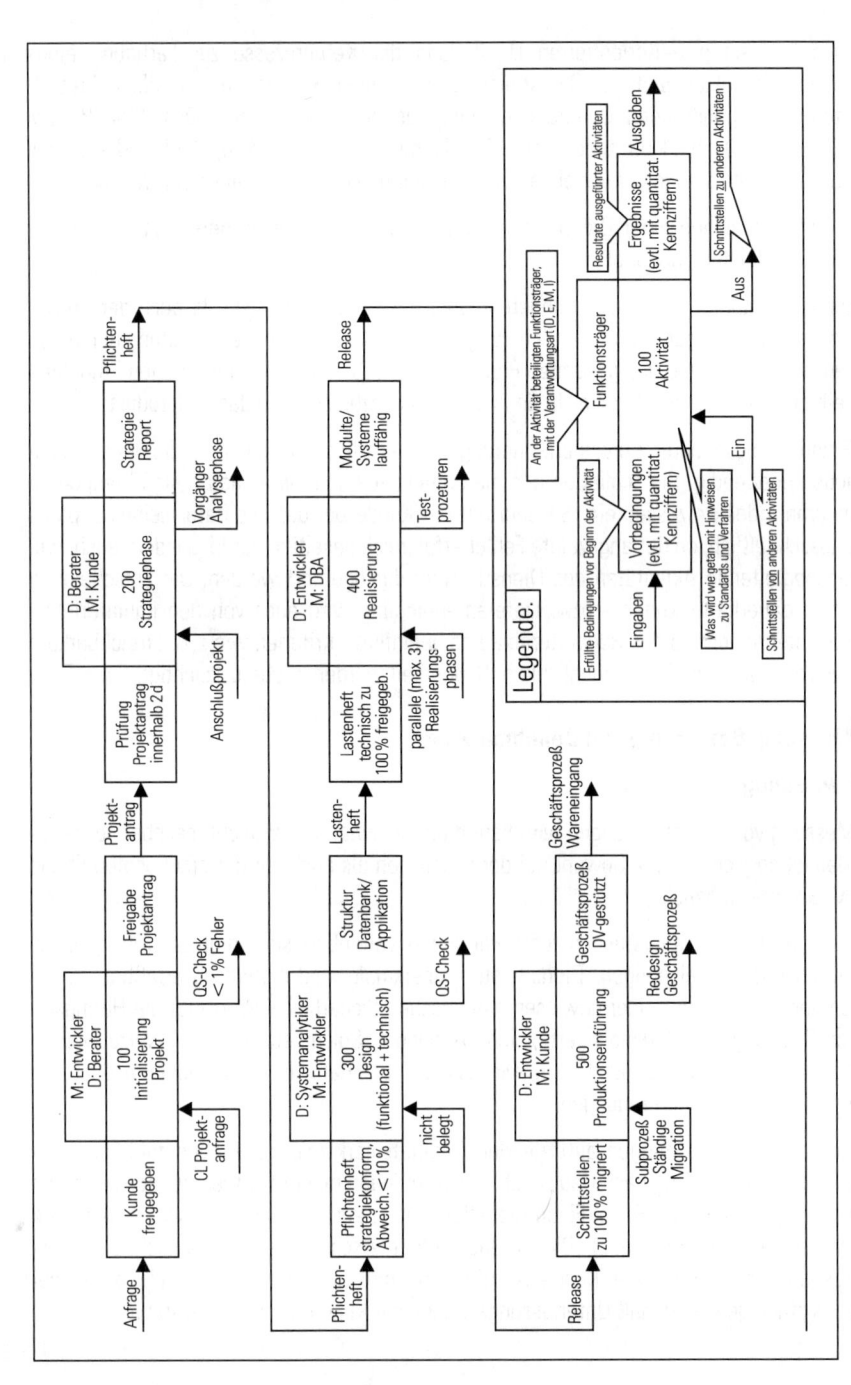

Bild 3-12: Prozeß der Softwareentwicklung und -einführung (vereinfachtes Beispiel)
(Quelle: WERCKMEISTER MANAGEMENT CONSULTING)

In der folgenden prozeßorientierten Darstellung der Kernprozesse zur Fertigung eines materiellen Produktes und der Dienstleistungserbringung werden den einzelnen Prozeßschritten die zugehörenden Qualitätselemente aus der DIN EN ISO 9001:1994-08 bzw. DIN EN ISO 9004:1994-08 zugeordnet. Die Elemente 4.1, 4.2, 4.14, 4.17 und 4.18 als Führungselemente sind in der Regel der Obersten Leitung der Organisation zuzurechnen.

Jeder Funktionseinheit einer Organisation sind Prozesse zuzuordnen, deren Anzahl von der Art der Dienstleistung abhängt.

Bei Dienstleistungen ist für den Kunden sowohl das Ergebnis selbst, als auch der Prozeß des Erbringens von Bedeutung (z. B. Schulung). Die Beurteilung der Dienstleistung durch den Kunden erfolgt während des gesamten Prozesses des Erbringens. Bei materiellen Produkten beurteilt der Kunde in der Regel nicht den Fertigungsprozeß sondern das Endprodukt.

Auf Grund der besonderen Kundenorientierung der Dienstleistung sind spezielle Bewertungsmethoden notwendig. Sie schließen den materiellen Teil und die immateriellen Komponenten innerhalb des Prozesses ein. So beurteilt ein Kunde bei der Reparatur seines Laptops nicht ausschließlich, ob der angezeigte Fehler erfolgreich beseitigt wurde, sondern auch, wie auftragsbegleitende Aktivitäten des Dienstleisters durchgeführt werden. Die Entscheidung über eine dauerhafte Kunden- bzw. Lieferantenbindung wird auch von den immateriellen Komponenten innerhalb des Reparaturablaufes beeinflußt. Kriterien wie z. B. Erreichbarkeit, Pünktlichkeit, Qualifikation, Freundlichkeit, Sauberkeit werden mit berücksichtigt.

3.4 Messung, Bewertung und Benchmarking

3.4.1 Messung

Die Messung von Dienstleistungen wird häufig als „schwierig" bis „nicht machbar" bezeichnet. Das ist so nicht richtig. Sowohl auf der sachlichen als auch auf der emotionalen Ebene sind Messungen möglich.

Selbst wenn bei Dienstleistungen feste Parameter vereinbart sind, gibt es stets gewisse Toleranzen und Abweichungen. Dienstleistungsmerkmale sind statistisch erfaßbare Meßgrößen und liefern – mit einer gewissen statistischen Sicherheit – Werte für die Häufigkeit und die Streuung der Merkmalswerte, siehe Anhang 4. Solche statistischen Werte werden auch zu Werbezwecken benutzt, z. B. wie „sicher" die Bahn ist. Dazu gehören auch die Ergebnisse von Kundenbefragungen.

Fast alle bei Dienstleistungen auftretenden Qualitätsmerkmale unterliegen zufälligen Einflüssen (Normalverteilung nach Gauß), d.h. sie unterliegen mehr oder weniger ausgeprägten Schwankungen (welche z. B. bei Finanzdienstleistungen auch vertragsmäßig vereinbart sein können, siehe auch Anhang 7). Dieser Sachverhalt erschließt ein wesentliches Verbesserungspotential (warum war Kunde A zufrieden und Kunde B unzufrieden?), birgt aber auch das ständige Risiko, daß Unterlassungssünden mit Kundenverlust bestraft werden.

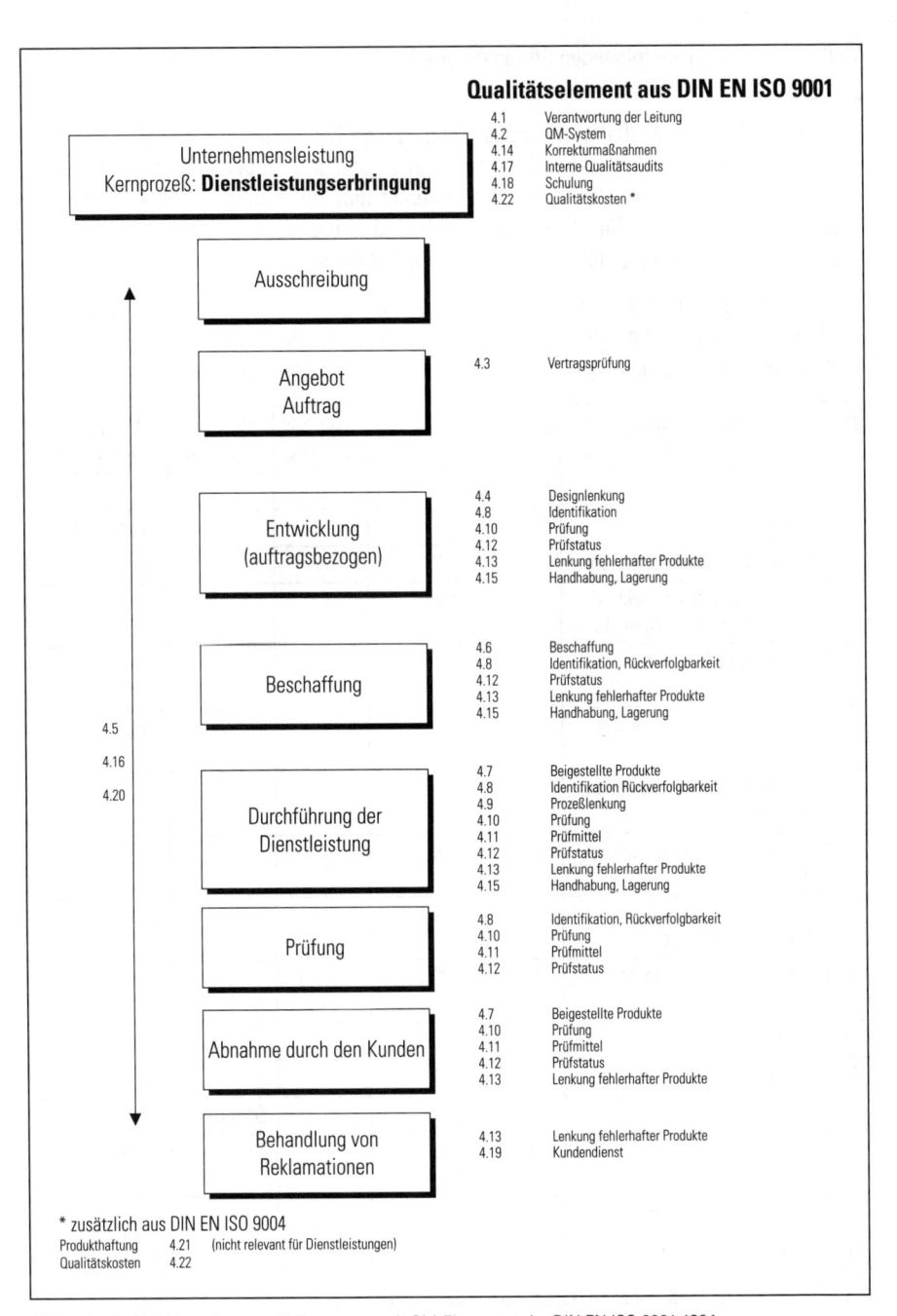

Unternehmensleistung Kernprozeß: **Dienstleistungserbringung**	**Qualitätselement aus DIN EN ISO 9001**
	4.1 Verantwortung der Leitung 4.2 QM-System 4.14 Korrekturmaßnahmen 4.17 Interne Qualitätsaudits 4.18 Schulung 4.22 Qualitätskosten *

Ausschreibung	
Angebot Auftrag	4.3 Vertragsprüfung
Entwicklung (auftragsbezogen)	4.4 Designlenkung 4.8 Identifikation 4.10 Prüfung 4.12 Prüfstatus 4.13 Lenkung fehlerhafter Produkte 4.15 Handhabung, Lagerung
Beschaffung	4.6 Beschaffung 4.8 Identifikation, Rückverfolgbarkeit 4.12 Prüfstatus 4.13 Lenkung fehlerhafter Produkte 4.15 Handhabung, Lagerung
Durchführung der Dienstleistung	4.7 Beigestellte Produkte 4.8 Identifikation Rückverfolgbarkeit 4.9 Prozeßlenkung 4.10 Prüfung 4.11 Prüfmittel 4.12 Prüfstatus 4.13 Lenkung fehlerhafter Produkte 4.15 Handhabung, Lagerung
Prüfung	4.8 Identifikation, Rückverfolgbarkeit 4.10 Prüfung 4.11 Prüfmittel 4.12 Prüfstatus
Abnahme durch den Kunden	4.7 Beigestellte Produkte 4.10 Prüfung 4.11 Prüfmittel 4.12 Prüfstatus 4.13 Lenkung fehlerhafter Produkte
Behandlung von Reklamationen	4.13 Lenkung fehlerhafter Produkte 4.19 Kundendienst

4.5
4.16
4.20

* zusätzlich aus DIN EN ISO 9004
Produkthaftung   4.21   (nicht relevant für Dienstleistungen)
Qualitätskosten   4.22

Bild 3-13: Gegenüberstellung von Teilprozessen mit QM-Elementen der DIN EN ISO 9001:1994

Meßphasen sind in die folgenden Stufen unterteilt:

◆ Analyse
Identifikation von meßbaren Merkmalen und Meßgrößen. Hierzu müssen die Merkmale, wie z. B. Laufzeit und Preis bei Beratungsdienstleistungen, genauso abgesteckt werden wie andere Merkmale, z. B. Kunde und Lieferant müssen jederzeit in der Lage sein zu prüfen, inwieweit die Dienstleistung erbracht wurde und einzuschreiten, wenn z. B. der Endtermin oder die vereinbarten Kosten nicht gehalten werden können.

In der folgenden Tabelle (Bild 3-14) wird am Beispiel eines Projekts „Aufbau eines QMS"die Struktur einer Analyse erläutert. Auf dieser Basis sollten ein Angebot und ein Berichtswesen vereinbart werden, das beiden Parteien die Prüfung ermöglicht.

Lfd Nr.	Beschreibung	Meßgröße	wichtig	Bedingt wichtig	Bemer- kungen	KO- Kriterien
1.	Laufzeit	Monate	X			Wenn > als
2.	Kosten des Projektes	DM	X			Wenn > als
3.	Referenzen des Lieferanten	Zahl	X			Wenn < als
4.	Unterteilung des Projektes in n prüfbare Projektpunkte	Zahl	X			Wenn > als
5.	Anzahl der Mitarbeiter des Kunden	Zahl		X		
6.	Anzahl der Mitarbeiter des Lieferanten	Zahl		X	Vertretung bei Ausfall	Wenn < als
7.	Anzahl der Projekttage beim Kunden	Zahl	X			
8.	Anzahl der Projekttage beim Lieferanten	Zahl	X			
9.	Anzahl der Kilometer zur Anreise des Beraters	Zahl	X			Wenn > als
10.	Kilometergeld/Kilometer	DM/ Kilometer	X			Wenn > als
11.	Spesen/Tag	DM/Tag	X			Wenn > als
12.	Nebenkosten/Zusatzkosten	DM	X			Wenn > als
13.	Alter des Beraters	Zahl		X	Erfahrung	
14.	Projekttage für die Zertifizierung	Zahl	X			Wenn > als
15.	Kosten der Zertifizierung	DM	X			Wenn > als
16.	Folgekosten der Zertifizierung	DM/Jahr	X			Wenn > als

Bild 3-14: Beispiel für Meßkriterien im Projekt „Aufbau eines QMS"

In der oben genannten Tabelle sind mögliche Meßwerte festgelegt worden, die aus der Sicht des Autors von Bedeutung für ein solches Projekt sind. Einige dieser Meßwerte sind auf den ersten Blick sicher übertrieben, sollen jedoch dafür sorgen, daß ein Gesamtüberblick entsteht.

Jeder Anwender muß für sich selbst entscheiden, welche Parameter für ihn wichtig sind und diese zusammen mit seinem Lieferanten festlegen.

Der folgende Fragebogen kann helfen, das für den Anwender beste Beratungsunternehmen auszusuchen. Die Fragen können um weitere Merkmale ergänzt werden.

- Festlegung der zu messenden Merkmale und der Meßverfahren
  Dazu gehören z. B. Anzahl der einbezogenen Partner (Losgrößenumfang), Toleranz, Stichprobenumfang, Meßmittelfähigkeit und Meßunsicherheit.

- Durchführung von Messungen
  Kundenzufriedenheit sollte das wichtigste Ziel eines Unternehmens sein. Deshalb führt das Qualitätswesen Aufzeichnungen darüber, wie die Kundenzufriedenheit gemessen wird. Die Vorgaben für Maßnahmen aus der Reklamationsbearbeitung sind in der Verfahrensanweisung „Korrektur- und Vorbeugungsmaßnahmen" beschrieben. Die Maßnahmen für die Erstellung des Qualitätsberichtes können Teil der Verfahrensanweisung „Lenkung von Qualitätsaufzeichnungen" sein.

Auch die Kundeneinstufungen werden für die Messung der Kundenzufriedenheit herangezogen. Ziel ist es, bei jedem Kunden A-Lieferant zu sein. Deshalb wertet das Qualitätswesen diese Kundeneinstufungen aus und veranlaßt die notwendigen Maßnahmen, wenn diese Einstufung nicht „A" ist.

Ein Mittel für die Messung der Kundenzufriedenheit ist z. B. der folgende Fragebogen, der ausgesuchten Kunden in mindestens jährlichen Abständen zugesandt wird. Die Fragebogen werden vom Qualitätswesen ausgewertet und entsprechende Maßnahmen veranlaßt. Vom Ergebnis dieser Auswertungen wird die Geschäftsleitung unterrichtet.

Die Durchführung der Messung auf der Grundlage einer telefonischen Kundenbefragung wird zusätzlich am Beispiel einer Kundendienstorganisation dargestellt.

Kernelemente für diesen Dienstleistungsbereich sind u.a. die Kriterien Erreichbarkeit, Qualifikation, Pünktlichkeit, Reaktionszeit und Dauer der Störbehebung. Will man diese Punkte innerhalb des Dienstleistungsprozesses analysieren, dann muß sich die Befragung an diesen Punkten ausrichten. Wichtig für ein verwertbares Ergebnis ist, daß die Befragung zeitnah, konkret an einem Vorgang festzumachen ist und der Befragte ein unmittelbar Betroffener ist.

So werden bei der Kundendienstorganisation jede Woche aus allen Einsätzen der Vorwoche, egal ob es sich um eine Entstörung, eine Installation oder eine bezahlte Dienstleistung handelt, wahllos 15–20 Kunden gezielt auf ihre Zufriedenheit in dem konkreten

ISATEC	**Qualitäts-Management**	Ausgabedatum 09.08.2000
Seite 1 von 1	Fragebogen	Revision A

Fragebogen

		Wichtigkeit dieser Frage			Erfüllungsgrad				
		Wichtig	Egal	unwichtig					
	Qualifikation des Beraters	+	o	-	20	40	60	80	>80
1.1	Sind die eingesetzten Berater schon vor ihrer Beratungstätigkeit in der Praxis tätig gewesen (vorzugsweise im Q-Wesen) ?								
1.2	Hat der ausführende Berater selbst Erfahrung auf unserem Gebiet, bzw. hat das Beratungsunternehmen ein Informationssystem der Berater aufgebaut, um Erfahrungen allen zugänglich zu machen ?								
1.3	Wieviel Erfahrungen hat der Berater oder kann darauf zurückgreifen ?								
1.4	Kann das Beratungsunternehmen über den eigentlichen Systemaufbau hinausgehende spezifische Erfahrungen/Ausbildung/Unterstützung zu anderen Themen der Norm (FMEA, PMFU, HACCP, Anwendung statistischer Methoden) anbieten ?								
1.5	Ist das Beratungsunternehmen fachlich auch auf dem Gebiet des Umweltmanagements qualifiziert ?								
	Qualität der Beratung								
2.1	Werden vom Beratungsunternehmen die notwendigen Aktivitäten, sowie der Kostenrahmen aufgrund des Istzustandes im Vergleich zum Sollzustand ermittelt ?								
2.2	Baut das Beratungsunternehmen ein auf unsere Ansprüche und Anforderungen abgestimmtes QM-System auf ?								
2.3	Hat das Beratungsunternehmen ein System zur Selbstprüfung aufgebaut, daß die Einhaltung der geplanten Zeit- und Kostenrahmen, sowie die Qualität der Beratungsleistung sicherstellt ?								
2.4	Prüft das Beratungsunternehmen die eigene Beratungsqualität ?								
2.5	Werden während der Beratungsleistung alle Ebenen und alle Mitarbeiter im Unternehmen eingebunden ?								
2.6	Schließt das Beratungsunternehmen die Mitwirkung bei der Einführung und Umsetzung der Dokumentation im Unternehmen mit ein ?								
2.7	Hat das Beratungsunternehmen ein System aufgebaut, um die Beratungsqualität ständig zu steigern und neue Dienstleistungen zu entwickeln ?								
2.8	Wird als Ergebnis der Beratungsleistung auch ein System der eigenen Qualitätskostenentwicklung implementiert ?								
	QM-System des Beratungsunternehmens								
3.1	Hat das Beratungsunternehmen eine eigene Qualitätspolitik und ein dokumentiertes QM-System ?								
3.2	Sind die Verantwortungen, Qualifikationen und Aufgaben aller Personen, die an der Beratungsleistung teilnehmen, eindeutig festgelegt ?								
3.3	Ist das QM-System des Beratungsunternehmens in einem Handbuch beschrieben, das eingesehen werden kann ?								
3.4	Ist das Beratungsunternehmen selbst zertifiziert oder strebt es die Zertifizierung an ?								
3.5	Kann das Beratungsunternehmen nachweisen, daß das im Unternehmen durchzuführende interne Audit von qualifizierten Personen durchgeführt wird, die von der Beratungsleistung unabhängig sind ?								
	Beratungsunternehmen und Zertifizierung								
4.1	Ist das Beratungsunternehmen bei der Auswahl eines unabhängigen Zertifizierers behilflich ?								
4.2	Wird das Zertifikat diese empfohlenen Zertifizierers von Kunden des Unternehmens im In- und Ausland ohne Zusatzaudits anerkannt ?								
4.3	Ist gewährleistet, daß zwischen dem Beratungsunternehmen und dem Zertifizierer keinerlei Abhängigkeiten (Eigentums- oder Personalverflechtungen) bestehen ?								
4.4	Kann das erteilte Zertifikat ohne weiteren Aufwand (Zusatzaudits) in andere Länderzertifikate umgewandelt werden ?								

Lassen Sie sich Nachweise zu den Fragen zeigen. Ein gutes Beratungsunternehmen hat dami keine Probleme.

Bild 3-15: Auswahl eines Beraters

ISATEC

Gabriele Lomb
Qualitätsmanagement
Beratung

Mustermann GmbH

Herrn Dipl.-Ing. Rüdiger Mustermann
Postfach 99999

99998 Qualistetten   01234-345 6789

Ihr Zeichen	Unser Zeichen	Datum
	GL/LO	9. August 2000

Sehr geehrter Herr Mustermann

der nachfolgende Fragebogen enthält neben der Frage nach Ihrer Gesamtzufriedenheit auch eine Reihe von Detailfragen über den Grad Ihrer Zufriedenheit mit der durch ISATEC erbrachten Leistung. Neben der Beurteilung bitten wir Sie auch um Kommentare zu den einzelnen Themen der Fragenliste.

Wir möchten das Ergebnis der Befragung und ihrer Kommentare nutzen um die Qualität unserer Dienstleistung ständig zu verbessern.

Sind Sie damit einverstanden, daß das Ergebnis dieser Befragung zu diesem Zweck Mitarbeitern von ISATEC und dem Projektteam zur Kenntnis gebracht werden dürfen ?

ja_____ Unterschrift_____ Datum_____

Für Ihre Unterstützung im voraus vielen Dank.

Bitte beurteilen Sie Ihre Zufriedenheit mit unserer erbrachten Leistung nach der Bewertungsskala im nachfolgenden Fragebogen.

Mit freundlichem Gruß

Gabriele Lomb   *Dir Lomb*

Gabriele Lomb   Dir Lomb
ISATEC Management-Beratung

Reg.-Nr.4050   : Sep-97 ● Wir sind von der DQS nach DIN EN ISO 9001 zertifiziert für Softwareentwicklung und -vertrieb und die Erbringung von Dienstleistungen

Bild 3-16: Anschreiben zum Fragebogen

ISATEC	**Qualitäts-Management**	Ausgabedatum 17.12.1997
Seite 2 von 2	Fragebogen zur Messung der Kundenzufriedenheit	Revision E/F9.5

Fragebogen

lfd. Nr.	Fragen	Wichtigkeit dieser Frage			Bewertung					
		wichtig	egal	unwichtig						
		+	o	-	1	2	3	4	5	6
1.0	**Projektplanung**									
1.1	ISATEC-Projektleitung									
1.2	Projektplanung/Organisation									
1.3	Termintreue									
1.4	Dokumentation									
2.0	**Projektdurchführung**									
2.1	Bestandsaufnahme									
2.2	Soll-/Ist-Vergleich									
2.3	Erstellung der QM-V und QM-A									
2.4	Erstellung des QM-H									
2.5	Impementierung									
2.6	Vorbereitung zur Zertifizierung									
3.0	**Kundenfreundlichkeit**									
3.1	Berücksichtigung Ihrer Wünsche und Vorstellungen									
3.2	Flexibilität bei Änderung Ihrer Forderungen									
3.3	Übereinstimmung unserer Arbeit mit Ihren Erwartungen									
4.0	**Kompetenz**									
4.1	fachliche Kompetenz									
4.2	methodische Kompetenz									
4.3	Kooperation mit Ihrem Projektleiter und Ihren Mitarbeitern									
4.4	Zusammenarbeit in den Arbeitsgruppen									
4.5	Kommunikation									
5.0	**Verfügbarkeit für unsere Kunden**									
5.1	Wie beurteilen Sie unsere persönliche Verfügbarkeit									
5.2	Wie beurteilen Sie unsere Verfügbarkeit für Sie bei uns (telefonisch, per Fax)									
5.3	Wie schnell reagieren wir auf Anruf, Fax									

Bewertung
1 = Sehr gut	2 = Gut	3 = Befriedigend	4 = Ausreichend	5 = Mangelhaft	6 = Ungenügend

Würden Sie mit ISATEC noch einmal zusammenarbeiten	Ja ❏	Nein ❏

Warum?

Z Punkt	Welche Empfehlungen geben Sie uns, oder welche wichtigen Kriterien fehlen in diesem Fragebogen?

Bild 3-17: Fragebogen zur Messung der Kundenzufriedenheit

Fall befragt. Aus der Beurteilung in den einzelnen Punkten zeigt sich deutlich, wo im Prozeß der Erbringung der Dienstleistung die Kunden die erbrachte Leistung gut beurteilen, wo sie Defizite sehen. Gezielt kann dort angesetzt werden, wo Abläufe verbessert werden müssen.

- Auswertung der Ergebnisse, z. B. Kundenzufriedenheitsanalysen
Die Meßergebnisse (Bewertung des Kunden) müssen durch den Dienstleister analysiert werden. Diese Analyse kann zur Änderung, Anpassung oder Neuentwicklung der Dienstleistungsprozesse führen. Erneute Messungen und Bewertungen der angepaßten Dienstleistungsprozesse ergeben Optimierungsansätze.

Analyse, Auswertung und Bewertung der Daten und Meßergebnisse

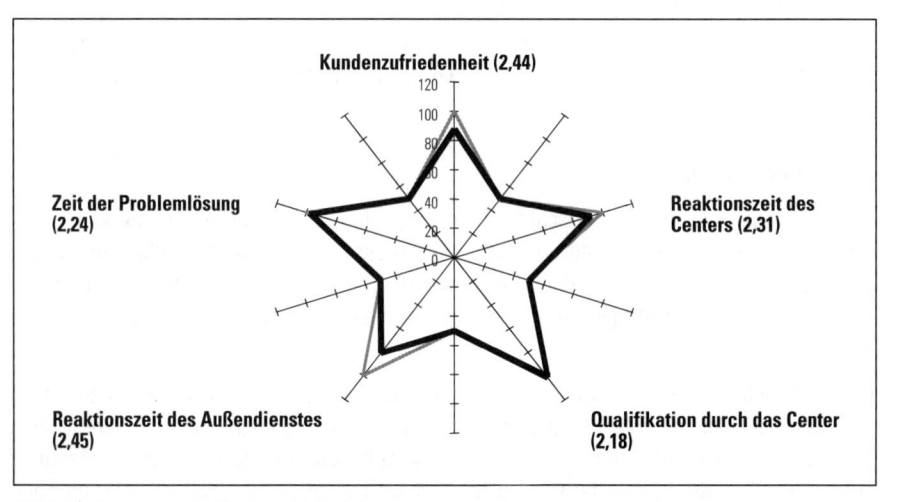

Bild 3-18: Auswertung der Kundenzufriedenheit

Das Bild 3-18 zeigt einen idealen Stern als Qualitätsziel und einen anderen Stern als Ergebnis der Befragung, bei dem die jeweiligen Zacken mehr oder weniger ausgeprägt sind. Jeder Zacken stellt ein Kriterium im Dienstleistungsprozeß dar. Geht der Zacken nach Innen, dann ist das Qualitätsziel in diesem Punkt unterschritten, geht der Zacken über den des Idealsternes hinaus, ist das Qualitätsziel übertroffen.

Kundenbefragungen können schriftlich oder mündlich durchgeführt werden. In dem vorgenannten Beispiel hat es sich als vorteilhaft herausgestellt, die Befragung telefonisch, aber mit Hilfe eines vorgegebenen Fragebogens durchzuführen. Es hat sich auch als sinnvoll erwiesen, die Befragung nicht ausschließlich in die Hand einer neutralen Stelle zu geben, sondern die Kundendienstleitung in regelmäßigem Turnus einen Teil der Befragung übernehmen zu lassen.

Die Ergebnisse werden regelmäßig den Mitarbeitern dargestellt. Dort, wo die Analysen Schwachstellen aufzeigen, werden Korrekturmaßnahmen gemeinsam mit den Mitarbeitern definiert und umgesetzt.

Um den Stellenwert der Kundenzufriedenheit zu unterstreichen, wurde sie als Teil der Zielvorgaben definiert und in die persönliche Zielvereinbarung neben Umsatz und Marge eingeführt. Die Kundenzufriedenheit ist Bestandteil des Zielvereinbarungsgesprächs mit den Mitarbeitern und, wo die Entlohnung es erlaubt, Bestandteil des Bonussystems, siehe auch Anhang 8.

Die Gegenüberstellung der durch Kundenbefragung ermittelten Aussagen zu den Meßdaten, die z. B. durch den Einsatz eines Steuerungssystem ermittelt werden, zeigt dann eindeutig, wo die Meinungen auseinander gehen.

Die aus dem Vergleich gewonnenen Werte können z. B. zu Benchmarks herangezogen werden. Sie zeigen dem Unternehmen, wo es sich im Vergleich zum Wettbewerb einzustufen hat.

3.4.2 Benchmarking

Eine Voraussetzung für den wirtschaftlichen Erfolg eines Unternehmens ist die kontinuierliche Verbesserung der internen und externen Prozesse. Diese Prozesse selbst zu messen oder messen zu lassen und mit den Ergebnissen gleicher Prozesse in anderen Unternehmen zu vergleichen, gibt die Möglichkeit, den eigenen Standort zu bestimmen und Verbesserungspotentiale zu erkennen.

Dazu hat sich als Methode das Benchmarking bewährt, das in eigener Regie oder durch externe, unabhängige Marktforschungsunternehmen durchgeführt werden kann. Beim Benchmark werden **gleiche** Prozesse in **unterschiedlichen** Unternehmen untersucht und die Ergebnisse miteinander verglichen. Grundvoraussetzung ist, daß es unter gleichen Bedingungen durchgeführt wird und am Ende nicht „Äpfel mit Birnen" verglichen werden.

Richtig durchgeführt können die Ergebnisse helfen, eine natürliche Betriebsblindheit auszuschalten und Vorgaben liefern, an denen die Zielausrichtung des eigenen Unternehmens erfolgen kann.

Je größer eine Organisation ist, desto wichtiger ist diese Art des Vergleichens. Die Ergebnisse zeigen den Verantwortlichen und betroffenen Mitarbeitern, wo der eigene Prozeß im Vergleich zum Wettbewerb – bei größeren Unternehmen mit gleichartigen Funktionseinheiten – auch im Vergleich zu den anderen steht. Aus diesen Erkenntnissen können Maßnahmen zur Verbesserung abgeleitet werden. Gleichzeitig werden durch die Einführung von geeigneten Meßmethoden auf der Grundlage festgelegter Kennzahlen Meßpunkte definiert, an denen eingeleitete Änderungsmaßnahmen gelenkt und der Erfolg gemessen werden kann.

Am Beispiel einer Kundendienstorganisation im IT Bereich wird gezeigt, welche Kennzahlen, so genannte *Key Performance Indicator* des Serviceprozesses, bei einem Benchmark untersucht werden sollten.

- Anteil der Aufträge, die am Telefon gelöst wurden (Fix over Phone)
- Anteil der Aufträge, die beim ersten Kundenbesuch gelöst wurden
- Anteil der benötigten Ersatzteile, Anzahl der bereitgestellten Ersatzteile
- Anzahl der Aufträge pro Region/Mitarbeiter
- Durchschnittlich benötigte Zeit für die Entstörung

Beauftragt für die Durchführung war ein externes Markforschungsinstitut und Ziel war der Vergleich zu anderen europäischen Kundendienstorganisationen der Gruppe und zu anderen Kundendienstorganisationen der gleichen Branche in Europa.

Die für den Benchmark benötigten Kennzahlen wurden für das jeweilige Land aus den eingesetzten DV-Systemen gewonnen. Als Grundregel dazu galt, daß nur solche Werte genommen wurden, die definitiv nachvollzogen werden konnten. Da wo keine Angaben geliefert werden konnten, wurde das deutlich gekennzeichnet. Die Zahlen zum Wettbewerb wurden durch das beauftragte Institut beigesteuert.

Das Ergebnis des Benchmarks zeigte den beteiligten Organisationen den jeweiligen Platz innerhalb der Gruppenorganisationen. Gleichzeitig wurden die jeweiligen Ergebnisse dem Durchschnittswert des Wettbewerbs und dem sogenannten *„Best of Class"* Wert gegenübergestellt.

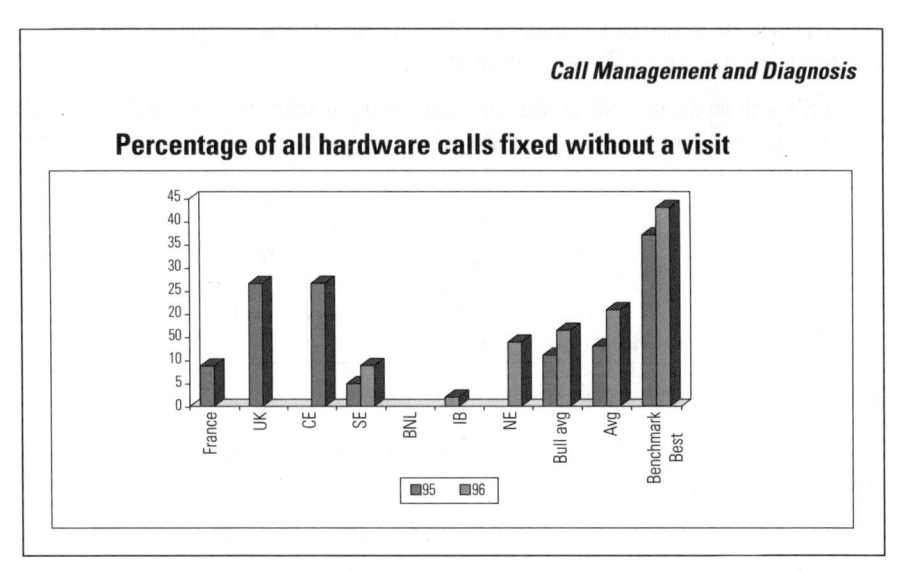

Bild 3-19: Benchmarkergebnis zum Kennwert „am Telefon gelöst"

Aus den so gewonnenen Informationen wurden für den eigenen Bereich Zielwerte abgeleitet und mit den betroffenen Stellen vereinbart. Da wo es möglich war, wurden sie zusätzlich in die Bonus Regelung aufgenommen.

Gleichzeitig wurde die monatliche Auswertung der Meßwerte eingerichtet und die Kommunikation der Ergebnisse an die Mitarbeiter sichergestellt.

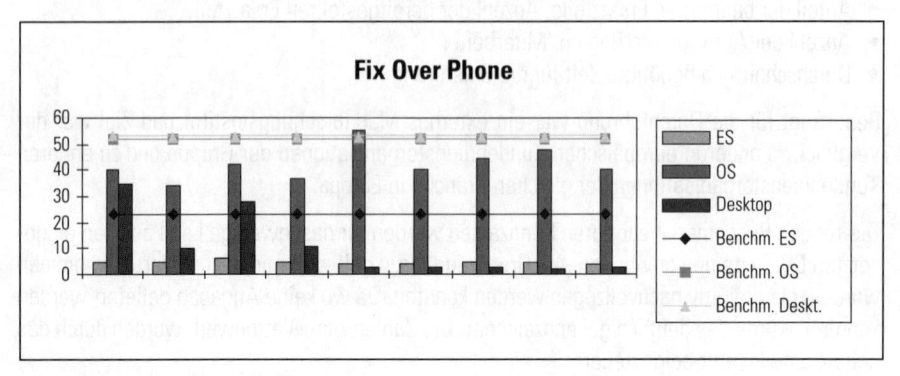

Bild 3-20: Beispiel der monatlichen Auswertung

3.4.3 SWOT-Analyse

Eine weitere Möglichkeit der Darstellung ist die „SWOT-Analyse".

Die folgenden Zitate sind den Informationen des Gründerzentrums entnommen. Die Internetadresse befindet sich am Ende des Unterabschnitts.

Damit Sie sich im klaren darüber sind, wo zum einen Sie selbst und zum anderen Sie als Unternehmen mit Ihren Produkten und Dienstleistungen stehen, bedarf es einer ehrlichen Analyse Ihrer

Stärken	**S**trengths	*S*
Schwächen	**W**eakness	*W*
Chancen	**O**pportunities	*O*
Risiken	**T**hreats	*T*

Bild 3-21: SWOT-Analyse, Bedeutung der Kurzform „SWOT"

Nutzen Sie hierzu die SWOT-Analyse. Eine einfache und schnell anzuwendende Methode zur allgemeinen Analyse jeder Unternehmensleitung.

Sie ist auch für einzelne Projekte, beispielsweise die Neueinführung von Produkten geeignet.

Die Stärken und Schwächen beziehen sich immer auf die gegenwärtige, interne Situation. Bei Chancen und Risiken betrachtet man den Markt in der Zukunft.

Nehmen Sie sich Zeit und ein Stück Papier und tragen Sie nach folgendem Muster Ihre SWOT-Analysen ein:

Stärken	Schwächen
z. B. großes Know-how, hohe Kreditwürdigkeit, hohe Flexibilität ausgereiftes Produkt, durch fixe Monatsproduktion sind Maschinen ausgelastet	z. B. kann nicht alles selber machen, verzettele mich nur eine Maschine zu geringe Stückzahlen, zu wenig Mitarbeiter

Chancen	Risiken
Marktchancen durch gute Produktqualität und gutes Serviceangebot	Günstigere Konkurrenzprodukte aus dem Ausland, Kaufkraft sinkt

Bild 3-22: SWOT-Analyse, Erklärung der SWOT-Bezeichnungen

Weitere Informationen können Sie aus dem Internet vom Gründerzentrum unter der Adresse erfragen:

http://www.gruenderzentrum.de/businessline/Marketing/Planung/Strategisch/swot1.html

3.4.4 Nutzung von Optimierungspotentialen

Betrachtet man aus der Sicht der Kunden die Schnittstellen des Dienstleistungsprozesses, so ergeben sich drei Maximierungs-Strategien:

- Maximierung der Kundenzufriedenheit
- Maximierung der Mitarbeiterzufriedenheit
- Maximierung der Unternehmens-Rendite

Der Kundenzufriedenheit ist dabei der absolute Vorrang einzuräumen.

Daraus folgen folgende Ziele zur Steigerung des Kundennutzens:

- Minimierung der Abweichungen im gesamten Dienstleistungsablauf
- Optimierung der Durchlaufzeiten
- Minimierung der Totzeiten.

Abweichungen führen in der Regel zu Zeitverlusten und unter Umständen zum Kundenverlust. Deshalb sind Teilprozesse, die zu Abweichungen führen, so umzugestalten, daß eine möglichst exakte Erfüllung der Kundenforderungen sichergestellt wird; d. h. Erfüllen der Versprechen gegenüber dem Kunden in Form der vertraglich vereinbarten Qualitätsmerkmale.

Weitere, ressourcenbezogene Optimierungsansätze sind

- Steigerung der Effektivität der Dienstleistung
  (eine bessere Auftragserfüllung erreichen, möglichst mit gleichen Mitteln)
- Steigerung der Effizienz der Dienstleistung.
  (mit weniger Mitteln die gleiche Auftragserfüllung erreichen)
  Den Kenngrößen „Effektivität" und „Effizienz" ist vermehrt Aufmerksamkeit zu schenken, siehe auch Anhang 8.

Indem man Fehler vermeidet, wird die Effektivität der Dienstleistung gesteigert. Die Effizienz einer Dienstleistung wird gesteigert, indem man die gesteckten Ziele mit weniger Kostenaufwand erreicht.

3.4.5 Berücksichtigung von Durchlauf- und Verweilzeiten beim Design der Dienstleistungsprozesse

Jede Dienstleistung kann in Tätigkeiten und prozeßbedingt dazwischen liegende Zeitabschnitte unterteilt werden. Während Durchlaufzeiten in der Regel möglichst optimal gestaltet werden können, werden prozeßbedingte Verweilzeiten beim Prozeßdesign häufig planerisch vernachlässigt. Verweilzeiten sind einerseits möglichst kurz zu halten und, falls sie unvermeidbar sind, für den Kunden als angenehme Erfahrung zu gestalten.

Die Zeiteinbuße „WARTEN DES KUNDEN" muß in einen aktiven Betreuungsprozeß durch den Dienstleister „WARTEN (BETREUEN) DES KUNDEN" umgewandelt werden.

Die Erlebnisgestaltung von Verweilzeiten gewinnt besonders bei einem Anbietermarkt eine entscheidende Bedeutung und bietet die Möglichkeit der einfachen Realisierung sekundärer Profilierungsmerkmale der Firma, des Angebots (Zusatznutzen, Zusatzqualität).

Die „Urban Entertainment Center" in den USA nehmen diese Entwicklung der Erlebnisgestaltung vorweg.

Es ist bei der Planung der Wartezeiten zwischen optimaler Nutzung der eigenen Ressourcen und dem möglichen Kundenverlust durch Abwanderung wegen Wartens abzuwägen. Je nach dem, ob der Andrang erwartet oder unerwartet ist, können andere Maßnahmen vorgehalten werden:

Unerwarteter Andrang kann gelenkt werden durch

- Angebot fester Terminvereinbarungen,
- Benennung des vorgesehenen Kundenbetreuers,
- Vergünstigungen zu Zeiten geringen Kundenandrangs,
- die bereits erwähnte Umfunktionierung der Wartezeiten (Entertainment) und
- einen schnellen, automatisierten Sofort-Kurz-Check mit Termin für den Erstkontakt.

Wichtig ist, daß die Nachfrage erhalten bleibt. Die Kurzprüfung auf fehlende Voraussetzungen oder Unterlagen des Kunden kann auch ein Anlaß für die Termin-Planung in Zeiten schwächeren Andrangs oder für die Rückweisung eines Auftrags sein.

In Zeiten erwarteten Andrangs kann Entlastung geschaffen werden durch:

- zusätzliches entsprechend stundenweise arbeitendes Personal,
- über vertragliche Kooperationspartner
- und einbeziehen externer Ressourcen, z. B. Zuschaltung von Call Centern.

3.5 Werkzeuge zum Qualitätsmanagement

3.5.1 Elementare Werkzeuge zur Darstellung des Ist-Zustands und Analyse

Folgende Werkzeuge sind eine methodische Hilfe zur Strukturierung und Visualisierung von komplexen Fragen bei Problemlösungsprozessen. Sie eignen sich vorwiegend dann, wenn umfassende Daten vorliegen und zu analysieren sind. Die folgende Zuordnung der Werkzeuge zu den einzelnen Bereichen bedeutet nicht, daß sie ausschließlich in diesen Bereichen verwendet werden können.

Pareto-Diagramme (ABC-Analyse) eignen sich besonders dann, wenn man einer Fülle von Fehlerursachen und Problemen gegenübersteht, die nicht gleichzeitig bearbeitet werden können. Mit Hilfe des Diagramms können Fehlerursachen und Probleme nach ihrer zahlenmäßigen Bedeutung und dem prozentualen Anteil klassifiziert und grafisch dargestellt werden. Es hilft auf einfache Art, sich auf Ursachen zu konzentrieren, deren Beseitigung die größte Wirkung hat, z. B. bei der Analyse der Liegezeiten bei der Prozeßverbesserung.

Das **Affinitätsdiagramm** dient der Ordnung einer großen Anzahl von Aussagen bzw. Ideen, die z. B. mit einem Brainstorming erarbeitet wurden. Es hilft, die einzelnen Ideen, Fakten, Meinungen unter entsprechenden Überschriften zusammenzufassen und Schwerpunktbildungen beim Problemlösungsprozeß zu ermöglichen.

Die **Portfolio bzw. Matrix-Daten-Analyse** zählt zu den sehr häufig genutzten Planungs- und Analysesystemen. Mit dem Portfolio können aus einer Vielzahl von unübersichtlichen Informationen Strukturen offengelegt werden, die sonst nicht zu erkennen sind.

Mit dem **Problementscheidungsplan** können bei Vorhaben oder Projekten Probleme bereits in der Planungsphase erkannt und mögliche Gegenmaßnahmen festgelegt werden. Vom Ziel ausgehend werden die Tätigkeiten in ihrer logischen bzw. zeitlichen Reihenfolge eingetragen und zu jeder Ebene mögliche Probleme gesammelt und Gegenmaßnahmen erarbeitet.

Qualitätszirkel sind selbst gesteuerte Verbesserungsteams und „Bestandteile" von QMS, bei denen das Erkennen von Schwachstellen und Fehlerursachen durch die Erfahrung und Hilfe der Mitarbeiter vor Ort im Mittelpunkt steht. Probleme werden im Team unter Anleitung eines Moderators in vereinbarter Zeit identifiziert und ihre Lösung erarbeitet. Eigenverantwortlichkeit, Teamgeist, strukturiertes und systematisches Vorgehen sind eine wesentliche Voraussetzung für erfolgreiche Qualitätszirkel.

Quality Funktion-Deployment (QFD) Aufgrund der zunehmenden Beachtung von QFD in der Dienstleistung wird im Unterabschnitt 3.5.2 näher eingegangen.

Bei der **Fehlermöglichkeits- und Einflußanalyse (FMEA)** werden in der Regel zum frühestmöglichen Zeitpunkt der Produkt- und Prozeßplanung sowie Produktentwicklung die möglicherweise auftretenden Fehler ermittelt, Risiken bewertet und Maßnahmen zu Fehlervermeidung entwickelt. Durch das frühe Befassen mit möglichen Fehlerquellen wird das Ziel

Fehlervermeidung statt Fehlerbeseitigung

verfolgt, siehe auch Anhang 9.

In einem **Netzplan** wird der zeitliche Ablauf eines Projektes übersichtlich dargestellt. Die einzelnen Vorgänge des Projektes werden so mit einander verknüpft, daß kritische Abhängigkeiten sichtbar werden. Der Netzplan eignet sich besonders für den Ablauf von größeren Projekten – Schwachstellen in zeitlicher Durchführung zu erkennen, den Ablauf zu überwachen, zu lenken und bei auftretenden Problemen rechtzeitig Abhilfe schaffen zu können.

Wegen der besonderen Bedeutung des **Benchmarking** für Dienstleister werden die entsprechenden Zusammenhänge in einem eigenen Abschnitt 3.4.2 erläutert.

3.5.2 Quality Function Deployment

Optimierungspotentiale

Quality Function Deployment (QFD) ist ein Instrument für die kundenorientierte Entwicklung eines Produkts. Bei QFD werden Kundenwünsche in Produktmerkmale umgesetzt. Bereits in der Planungsphase werden aufgrund der Kundenwünsche die Forderungen an Produkte und Prozesse genau ermittelt. Produktmerkmale festgelegt und bewertet; dabei werden kritische Merkmale sichtbar. Qualitätsforderungen werden durchgängig berücksichtigt, eine größtmögliche Kundenorientierung verwirklicht und die Gefahr von Fehlentwicklungen verringert. Dieses Verfahren wird zunehmend im Dienstleistungsbereich eingesetzt.

QFD besteht aus verschiedenen aufeinanderfolgenden Phasen:

- In der ersten Phase, dem *Qualitätsplan Dienstleistung,* werden Kundenforderungen (was) den Dienstleistungsforderungen (wie) gegenübergestellt.

- In der zweiten Phasen, dem *Qualitätsplan Dienstleistungsentwicklung,* werden die kritischen Dienstleistungsmerkmale (was) in Qualitätsmerkmale einzelner Teildienstleistungen (wie) umgesetzt.

- In der dritten Phase, dem *Qualitätsplan Dienstleistungsprozeß,* werden aus den kritischen Dienstleistungsmerkmalen (was) Prozeßparameter für Prozeß- und Prüfablaufpläne (wie) ermittelt.

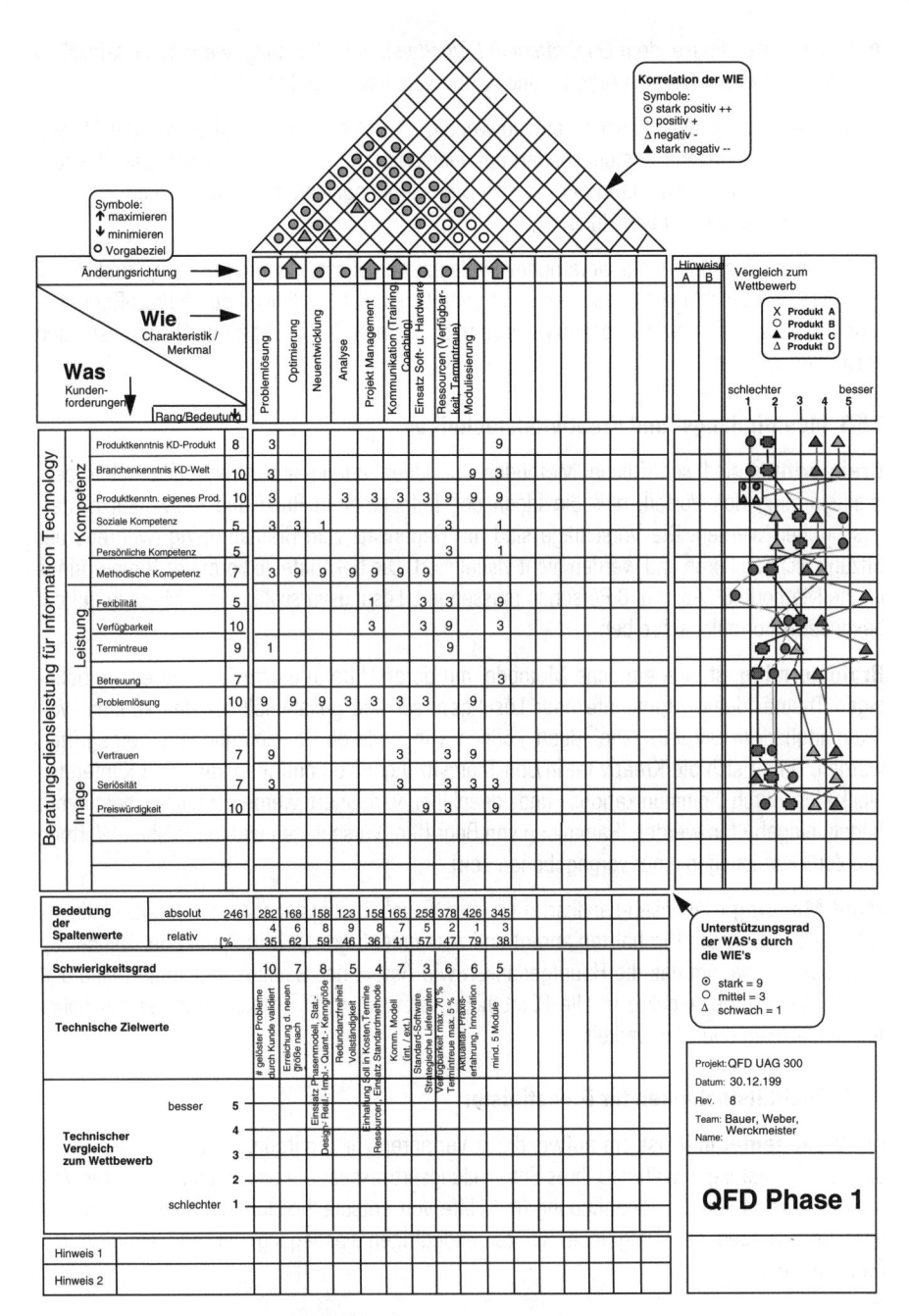

Bild 3-23: Ergebnisbeispiel einer QFD-Arbeit

- In der vierten Phase, dem *Qualitätsplan Dienstleistungserbringung,* werden die kritischen Prozeßmerkmale (was) in Arbeits- und Prüfanweisungen (wie) übertragen.

Da die Umsetzung aller Phasen sehr aufwendig ist, ist es auch möglich, nur die Phasen umzusetzen, bei denen Handlungsbedarf notwendig ist. Der größte Handlungsbedarf besteht in der Umsetzung der Kundenforderungen in Dienstleistungsmerkmale. Das gezeigte Beispiel bezieht sich auf diese Entwicklung.

QFD kann als Instrument zur Unternehmensplanung eingesetzt werden. Richtig verstanden, hilft QFD „Betriebsblindheit" zu überwinden und Organisationsdenken durch Prozeßorientierung zu ersetzen. Durch QFD können in wesentlich kürzerer Zeit marktfähige Dienstleistungen entwickelt werden.

3.5.3 Ideenfindungs- und Kreativitätstechniken

Brainwriting sind schriftliche Methoden zur Ideenfindung und haben gegenüber dem Brainstorming den Vorteil, daß die Ideen der Teilnehmer in Ruhe und individuell niedergeschrieben werden. Die Vorschläge sind, im Gegensatz zum Brainstorming, während der Sitzung nicht zu hören und werden nicht visualisiert. Die bekannteste Form des Brainwritings ist die Methode 6-3-5, d.h. 6 Personen müssen je 3 Lösungsvorschläge in 5 Minuten auf ein besonderes Formular schreiben.

Brainstorming ist eine einfache Methode, mit deren Hilfe in einem Team zu einem beliebigen Thema Ideen, Argumente oder Lösungsvorschläge gesammelt werden können. Von Teammitgliedern vorgetragene Ideen können von anderen Teammitgliedern aufgegriffen werden. Damit sich die Kreativität in den Teamsitzungen voll entfalten kann und Konferenzblockaden durch Kommunikations- und Ideenkiller verhindert werden, müssen bestimmte Regeln eingehalten werden (Sammlung von Begriffen, Vorschlägen und Ideen ohne Wertung und Zurückweisung in einer vorgegebenen Zeit).

Mind-Mapping (Gedanken-Landkarte) ist eine Visualisierungstechnik, die unterschiedliche Potentiale der beiden Hirnhälften anregt und zusammenführt. Im Mittelpunkt der Mind-Map steht das Thema, um das die Hauptgedanken wie Äste eines Baumes angeordnet sind und sich durch weitere Aspekte in alle Richtungen verzweigen. Es entstehen Bilder mit hoher Anschaulichkeit und Merkbarkeit.

3.5.4 Qualitätstechniken für Dienstleister

Die **Vignettentechnik** ist ein aufwendiges Verfahren zur Ermittlung von Qualitätsurteilen über Dienstleistungen während ihres Entwicklungsprozesses. Die einzelnen Phasen des Verfahrens reichen von der Ideenfindung (mit Hilfe von entsprechenden Planungswerkzeugen) über Befragungen der Zielgruppe bis zur endgültigen Festlegung der neu entwickelten Dienstleistung.

Mit dem **Service-Blueprinting-Verfahren** können die einzelnen Schritte eines Prozeßablaufs (z. B. einer neu entwickelten Dienstleistung) im Team festgelegt und mit Hilfe einfacher Symbole und Mittel (z. B. Pinwände, Metaplan® Technik) visualisiert werden. Es erleichtert die Fehlersuche und die Durchführung von Analysen. Damit wird sichergestellt, daß alle am Prozeß Beteiligten sich ein genaues Bild des Ablaufs der Dienstleistung machen und den Prozeß optimieren können. Zur Darstellung von komplexen Prozeßabläufen kann diese Technik mit anderen Werkzeugen wie z. B. Netzplantechnik und EDV kombiniert werden.

Die **Sequentielle Ereignismethode** eignet sich zur Hinterfragung des Qualitätseindruckes der Kunden bei der Erbringung der Dienstleistung. Sie ist eine Methode um Kundenerlebnisse bzw. Kundeneindrücke an den entsprechenden Schnittstellen (siehe z. B. die beim Service Blueprinting ermittelten Schnittstellen) des Dienstleistungsprozesses zu ermitteln. Das Ziel ist die Erfassung von positiven und negativen Ereignissen und kritischen Situationen im Prozeß der Erbringung der Dienstleistung zur Qualitätsverbesserung. Für die Befragung der Kunden eignet sich in erster Linie die Interviewtechnik, es können aber auch die Methode der Kundenbeobachtung bzw. Testkäufer eingesetzt werden.

Bei der **ServQual (Serv**ice und **Qual**ität)-Technik wird mit Hilfe eines standardisierten Fragebogens die Qualität der Dienstleistung als Differenz zwischen Erfahrung und Erwartung des Kunden gemessen. Sie kann bei den verschiedensten Kundenkontakten zur regelmäßigen Überprüfung der Dienstleistungsqualität eingesetzt werden.

Eine weitere wichtige Aufgabe im Prozeß der Dienstleistung ist das **Beschwerdemanagement**. Es dient im Fall von Kundenunzufriedenheit dazu, Kunden zu erhalten und durch ein gutes Beschwerdemanagements ggf. Wettbewerbsvorteile zu erzielen. Darüber hinaus können im Rahmen des Beschwerdemanagements Schwachstellen im Dienstleistungsprozeß erkannt erkennen.

Die **Frequenz Relevanz Analyse** eignet sich als Entscheidungshilfe bei der Auswertung von Kundenbefragungen, um Prioritäten bei aufgetretenen Problemen festzulegen, wenn die erhobenen Daten keine Rückschlüsse auf die Problemlösung zulassen.

3.5.5 Datenerfassung

Durch **Strich-(Fehlersammel)-Listen** kann die Häufigkeit von Fehlern oder Meßwerten auf einfache Weise erfasst und gesammelt werden. Sie sind einfach anzuwenden und ermöglichen durch die klare Darstellung, Art und Anzahl von Fehler- oder Meßwerthäufungen schnell zu erkennen und Ursachen zu untersuchen, z. B. für die Erfassung von Kundenbeschwerden oder der Häufigkeit von Bestellungen per Fax, E-Mail und Telefon.

Korrelationsdiagramme stellen die Wechselbeziehung zwischen Merkmalen (Ursachen und Auswirkungen) von Objekten grafisch dar. Ursache und Wirkung werden paarweise aufgenommen und als Punkte in einem Diagramm dargestellt. Mit Hilfe des Diagramms lassen sich Aussagen über Stärke und Richtung des Zusammenhangs machen, z. B. Anzahl der Reklamationen in Abhängigkeit der Dienstleistung pro Mitarbeiter bzw. Umsatz.

3.5.6 Datenanalyse

Das **Fischgräten-Diagramm** (Bild 2.1) auch als Ishikawa- oder Ursache-Wirkungs-Diagramm bekannt, wird angewendet um mögliche und bekannte Einflüsse (Ursachen), die zu einem Problem (Auswirkung) führen, zu sammeln, in Haupt- und Nebeneinflüsse zu unterteilen und grafisch darzustellen, z. B. zur Darstellung der Ursachen für die Schnittstellenbildung. Oft stimmen die Haupteinflussgrößen mit den so genannten 5 M Störgrößen überein (5 M = Mensch, Mitwelt (Umwelt), Maschine, Material, Methode). Das Diagramm kann um jede andere Störgröße erweitert bzw. geändert werden.

In einem **Histogramm** werden Meßdaten entsprechend statistischer Regeln in Klassen zusammengefaßt und in einem Säulendiagramm grafisch dargestellt. Mit Hilfe von Histogrammen können große Datenmengen, im Gegensatz zu Tabellen, wesentlich leichter interpretiert werden. Es zeigt die relative Häufigkeit, die Streuung und Zentrierung der Daten eines Prozesses und unterstützt damit die Prozeßbeurteilung und Prozeßlenkung, z. B. Klassifizierung bzw. Verteilung von Liege- bzw. Bearbeitungszeiten.

Das **Beziehungsdiagramm** hilft einem Team systematisch die Ursachen-Wirkungsbeziehungen zwischen kritischen Faktoren zu erfassen und zu analysieren. Die Teammitglieder werden ermutigt, in verschiedene Richtungen zu denken. Hauptfaktoren der Ursachen-Wirkungsbeziehungen kommen dabei zum Vorschein, Gründe für Unstimmigkeiten werden erkennbar und Ursachen werden deutlich, auch wenn keine verlässlichen Daten vorliegen.

Mit der **Kraftfeldanalyse** werden diejenigen Kräfte und Faktoren ermittelt, die die Lösung eines Falles oder Problems unterstützen bzw. dagegen arbeiten. Damit ist die Voraussetzung gegeben, um positive Faktoren zu verstärken und negative zu beseitigen bzw. abzuschwächen.

Mit Hilfe des **Relationendiagramms** können Wechselbeziehungen dargestellt, näher untersucht und bewertet werden, wenn Argumente und Fakten vorliegen. Die wichtigsten Ursachen und Wirkungen eines Problems werden deutlich und sind die Voraussetzung zur Lösung des Problems.

3.5.7 Ergebnisdarstellung

Organigramme (= spezielle Baumdiagramme) sind ein in den Unternehmen häufig verwendetes Hilfsmittel, um Strukturen wie z. B. eingerichtete Stellen, Stellenarten, hierarchischer Aufbau der Organisation darzustellen, siehe Bild 3.18.

Spinnetzdiagramme (bzw. Radarbild, Radardiagramm oder Kreisdiagramm) eignen sich, um Unterschiede zwischen Soll- und Ist-Zuständen verschiedener Zielsetzungen bzw. Kategorien aufzuzeigen. Die Veränderungen dieser Kategorien bzw. Zielsetzungen über einen gewissen

Zeitraum lassen sich z. B. durch Übereinanderlegen der entsprechen Folien sehr gut aufzeigen.

Mit **Flußdiagrammen** ist es möglich, den gesamten Prozeß übersichtlich darzustellen, Problembereiche zu analysieren, Schnittstellen und überflüssige Schritte und Schleifen zu erkennen. Sie sind ein wichtiges Instrument für die ständige Verbesserung von Prozessen, siehe Anhang A1-3 und A2-1.

Medien zur Visualisierung von Arbeitsergebnissen können z. B. Flip-Charts, Pinwände, Overhead-Projektor, PC mit Beamer sein.

4 Umfassendes Qualitätsmanagement (TQM) und Business Excellence

4.1 Ein ganzheitliches Managementsystem

An dieser Stelle sei auf die historische Entwicklung eingegangen, die im weitesten Sinne die Qualität veränderte. Früher wurden das Zeichen „Made in Germany" als Garantie für gute Produkte gesehen. Danach lag der Schwerpunkt auf „Kontrolle". Durch Kontrollmaßnahmen sollte eine hohe Qualität erreicht werden, die aufwendig erbracht wurde und dennoch eine relativ hohe Fehlerrate nicht verhinderte. Die „Kontrolle" gab Produkte oder Teilprodukte frei, fehlerhafte Produkte mußten nachgearbeitet werden oder wurden dem Schrott zugeführt. Diese Vorgehensweise war mit einer Verschwendung menschlicher Arbeitskraft, Material und Maschine verbunden, d. h. produktive Kapazitäten gingen im hohen Maße verloren. Erste Bemühungen zur Normung von Elementen in Managementsystemen in Deutschland sind seit Mitte der 70er Jahre zu verzeichnen, also deutlich vor entsprechenden internationalen Aktivitäten. Als Ergebnis sind folgende Normen erarbeitet und zum Teil in das Regelwerk des DIN eingeflossen: DIN 55350-Reihe „Begriffe der Qualitätssicherung und Statistik" und 55355-Reihe „Grundelemente für Qualitätssicherungssysste me".

Die DIN 55350-Reihe war ursprünglich für 24 Teile geplant, von denen zur Zeit 15 Teile gültig sind (s. a. DGQ-Schrift 10-04 Verzeichnis der DGQ-Schriftenreihe). Das Normenprojekt DIN 55355 ist aufgrund des Einspruchs der interessierten Kreise über das Entwurfsstadium nicht hinausgekommen.

In den achtziger Jahren entstand international die Qualitätssicherung auf der Basis von Normen aus dem angelsächsischen Raum. Erstmalig wurde eine Systemnorm geschaffen, die international abgestimmte Maßstäbe schuf und Forderungen an die einzelnen QM-Elemente zum Qualitätssicherungssystem darlegte. Zur gleichen Zeit erkannten auch Dienstleister die Notwendigkeit eines systematischen Ansatzes. Sie waren es, die anfangs Umsetzungsprobleme mit der entstandenen ISO 9001, 9002 und 9003 hatten. Zur Unterstützung der Nachweisnormen wurde die ISO 9004 Teil 2 entwickelt. Im Zuge des fünfjährigen Überarbeitungszyklus wurde die Norm 1994 überarbeitet und ergänzt. Das Management muß es in einem Top-Down System zu einer Organisationsstruktur führen, welche die Ziele des Unternehmens vorgibt und seine Qualitätspolitik erfüllt.

In Japan betrachtete man die Frage der Gestaltung von Managementsystemen von einem abweichenden Gesichtspunkt aus, der in der Methode „Umfassendes Qualitätsmanagementsystem" („TQM" (Total Quality Management)) beschrieben ist. Sie erreichte dann über Amerika auch andere Kontinente und Länder.

Es stellte und stellt sich nach wie vor für viele Firmen mit einem praktizierten QMS die Frage, was kommt nach der ISO 9000-Familie? (s. a. DGQ-Band 14-01 „ISO 9000-Familie und darüber hinaus?")

Die Globalisierung der Märkte in Verbindung mit der Innovationsgeschwindigkeit von Wissen und Technik ist ein Motor für die Wettbewerbsverschärfung. Unternehmen müssen sich intensiver um Marktchancen und Marktanteile, jedoch auch um Investitionen und Arbeitskräfte bemühen. Qualität muß in der Zukunft im Mittelpunkt unternehmerischen Handelns bei der Gestaltung der Managementsysteme und der Konzeption der angebotenen Dienstleistung stehen sowie das Bewußtsein auf allen betrieblichen Ebenen das Qualitäts- und Wettbewerbsbewußtsein wecken.

TQM bietet die Möglichkeit, diesen Veränderungen gerecht zu werden und Unternehmen zum Erfolg zu führen.

TQM baut häufig auf der ISO 9000-Familie auf, da es als Weiterentwicklung eines bestehendes QMS entstehen kann. TQM ist eine umfassende Qualitätsmanagementmethode (häufig auch „ganzheitlich" genannt). Sie stützt sich auf die Mitwirkung aller ihrer Mitarbeiter, erfaßt das gesamte Unternehmen, stellt die Qualität in den Mittelpunkt und zielt durch Zufriedenstellung der Kunden auf langfristigen Geschäftserfolg sowie auf Nutzen für die Mitglieder der Organisation und für die Gesellschaft (aus DIN EN ISO 8402:1995).

Im TQM bezieht sich Qualität nicht nur auf Produkte und Dienstleistungen sondern auch auf das Erreichen geschäftlicher Ziele. Dieses ist gegenüber einem QMS genauso neu wie der Begriff „Nutzen für die Mitglieder der Organisation und für die Gesellschaft", der die Erfüllung der an die Organisation gestellten Forderungen bedeutet.

Zu den Mitgliedern der Organisation zählen neben den Mitarbeitern, das obere Management einschließlich der Vorstände und Aufsichtsräte, sofern es sich um eine Aktiengesellschaft handelt.

Kontinuierliche Verbesserungsprozesse (KVP) sind zur Umsetzung einer umfassenden TQM-Strategie von entscheidender Bedeutung.

Durch die Integration der Mitarbeiter können diese im Umfeld ihres Arbeitsplatzes Entscheidungen selbst oder im Team treffen. Diese Möglichkeit bietet eine stetige Motivation, denn die Mitarbeiter sind die Praktiker und können ihre Erfahrungen zur direkten Umsetzung bringen. TQM erwartet somit von allen Mitarbeitern, in allen Hierarchieebenen, im Rahmen ihrer Möglichkeiten aktiv am Geschehen ihres Bereiches verantwortlich mitzuarbeiten. Wesentlich für den Erfolg dieser Methode ist, daß die Unternehmensleitung die Aufgabe der Führung überzeugend und nachhaltig wahrnimmt, und daß alle Mitglieder der Organisation ausgebildet und geschult sind. Aufgaben- und Problemlösungen sind Themen in sogenannten Qualitätszirkeln (siehe Abschnitt 3.5.1), die durch geschulte Moderatoren und Koordinatoren Wege und Möglichkeiten erarbeiten, die für eine ständige Verbesserung innerhalb des Unternehmens genutzt werden. Diese Teamarbeit, in Verbindung mit der Bereitschaft Verantwortung zu übernehmen, ist es, welche dem TQM den richtigen Schub gibt.

Während TQM in der Fertigungsindustrie seit Jahren ein Begriff ist und Anwendung findet, ist die Umsetzung im Dienstleistungsbereich eher verhalten. In schnell wachsenden Unternehmungen, z. B. den Kommunikationstechniken, sind die Chancen schnell erkannt worden. Die technische Innovation verlangt in vielen Bereichen der Dienstleistung kurzfristig Veränderungen oder die Schaffung neuer Leistungen. Gerade in der Dienstleistung ist die Arbeit im Team von der Sache her immer bekannt und notwendig gewesen, eigentlich eine gute Voraussetzung um die TQM-Philosophie leicht argumentieren zu können.

Die Forderungen des Marktes und der Kunden verlangen hohe Flexibilität. Hinzu kommen die Erwartungen der Aktionäre und Investoren. Diese lassen sich langfristig nur mit TQM erreichen.

TQM oder Teile davon werden gelegentlich auch „TQ" (total quality), „CWQC" (companywide quality control), „TQC" (total quality control) usw. genannt.

An dieser Stelle sei nur kurz auf das Lean Management hingewiesen. Dieses „schlanke Qualitätsmanagement" bietet Unternehmen mit einer erfolgreichen Anwendung des TQM die Möglichkeit, ihre Unternehmenshierachien neu zu strukturieren und in einem sogenannten Re-Engineering das Unternehmen organisatorisch schlanker zu gestalten.

4.2 Business Excellence

Business Excellence verlangt mehr als konforme Leistungen. Kunden erwarten über die Erfüllung der festgelegten Forderungen hinaus Leistungen, die das Profil des Anbieters kennzeichnen.

Neben dem verbal geäußerten Willen der Führungskräfte sind insbesondere strategische Planungen und deren konsequente Umsetzung erforderlich. In vielen Fällen wird es nur mit einer umfassenden Neuorientierung des Managements und der aktiven Einbeziehung aller Mitarbeiter und Ressourcen möglich sein, ein derart aktuelles Managementmodell zu etablieren. Das Unternehmen muß sich zu einer lernenden Organisation entwickeln, d. h. Lernen aus der eigenen Erfahrung, Wissenstransfer, Aufgeschlossenheit gegenüber allen Chancen der Verbesserung. Es ist verständlich, daß die beteiligten Menschen nicht zeitgleich und bestimmt nicht „über Nacht" mit diesen Aufgaben einverstanden sind. Ihre Emotionen müssen verstanden werden und mit vielerlei Maßnahmen gelenkt zu fortschreitenden Ergebnissen geführt werden.

In den vergangenen Jahren ist eine Vielzahl von Modellen bzw. Auszeichnungen in Form von Qualitätspreisen auf der Basis von TQM entstanden. Sie haben alle das Ziel gemeinsam, Unternehmen zu Business Excellence zu führen.

Japan begann mit der Verleihung des Deming-Prize (seit 1984 auch für Unternehmen mit Sitz außerhalb von Japan). Mit dieser Qualitätsphilosophie stieg Japan in die Weltspitze auf.

In den USA ist ein weiteres Modell der MBA, Malcom Baldrige Assessment, mit der Möglichkeit für amerikanische Firmen, am MBNQA, dem Malcom Baldrige National Quality

Award teilzunehmen. Diese Auszeichnung wird seit 1989 vom amerikanischen Präsidenten alljährlich verliehen. Es ist eine Herausforderung für ein teilnehmendes Unternehmen, sich mit den Besten der Besten zu messen.

In Europa wird TQM von mehreren Institutionen unterstützt und seit 1992 der EQA (European Quality Award), verliehen.

Die Organisation EFQM (European Foundation for Quality Management) wurde im Oktober 1989 von 67 Unternehmen gegründet, um den TQM-Gedanken in Europa zu verbreiten.

Europäische Länder haben das Modell der EFQM als Basis für ihre eigenen Modelle genutzt und zeichnen führende Unternehmen für ihre Leistungen aus. In Österreich wird z. B. der AQA (Austrian Quality Award) verliehen. Der Ludwig-Erhard-Preis ist in Deutschland alljährlich der Anreiz für Unternehmen, zu den Besten zu gehören. Daneben vergeben einzelne Bundesländer wie z. B. Sachsen und Nordrhein-Westfalen Preise für Qualität.

Für Unternehmen bestehen somit Anreize, sich langfristig mit der Methode TQM zu beschäftigen und z. B. mit Hilfe des EFQM zu bewerten. Eine erfolgreiche Teilnahme am EFQM-Wettbewerb kann, werbewirksam eingesetzt, weitere wirtschaftliche Erfolge mit sich bringen.

Auch wenn nicht alle Bewerber ausgezeichnet werden, bieten sich doch verschiedene Möglichkeiten, die erzielten Leistungen intern zur Wahrnehmung des Zustandes des eigenen Unternehmens und extern vom Marketing werbewirksam darzustellen. So bieten sich Veröffentlichungen in Fachzeitschriften und weiteren Medien an. Weitere Möglichkeiten für Präsentationen bestehen durch Vorträge, Ausstellungen und Seminarangebote bei Fach- und Interessenverbänden sowie öffentlichen Institutionen.

Im ersten Halbjahr 1999 ist eine substantielle Änderung des EFQM – Modells eingeführt worden:

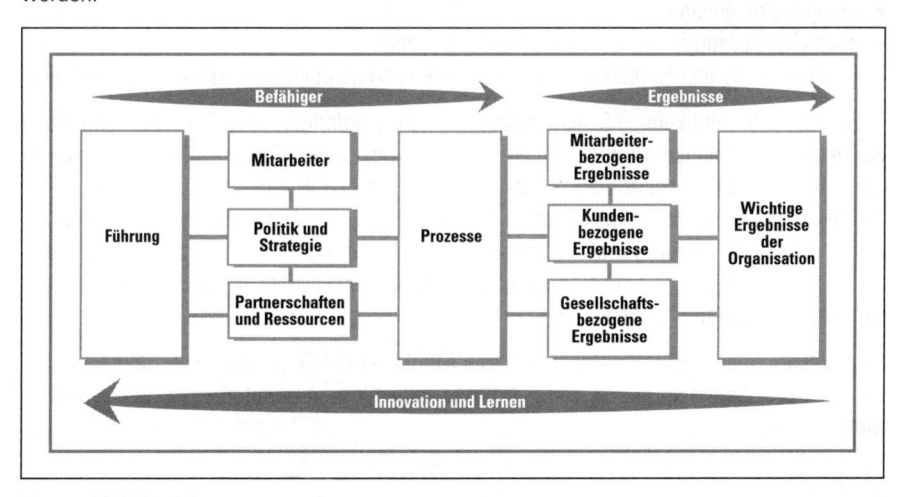

Bild 4-1: EFQM-Modell

Das Kriterium „Partnerschaft" wurde bei „Befähigern" und „Ergebnisse" hinzugefügt. Diese mit Recht geforderte Erweiterung, die in zunehmendem Maße interne und Geschäftspartner einbezieht, muß implementiert sein, um Erfolge erzielen zu können. Eine andere Erweiterung betraf die Elemente „Innovation" und „Lernen". So ist ein Regelkreis entstanden, der dem Modell EFQM die offizielle Stärke gibt, eine Verbesserung der Unternehmen durch Lernen und Innovation herbeizuführen. Einige weitere Änderungen rundeten das Modell ab und vereinfachten die Anwendung von EFQM. Innovation im Qualitätsmanagement bezieht sich z. Z. hauptsächlich auf Prozeßmanagement und Business Excellence. Durch innovative Veränderungsprozesse sollte es auch in der Qualitätsarbeit gelingen, den Qualitätsstandard der Dienstleistungen nachhaltig zu verbessern.

4.3 TQM in der Praxis

Neben der Mitarbeiterorientierung, der Unternehmenspolitik und -strategie ist die Planung zum Einsatz von Ressourcen eine erforderliche Basis für ein TQMS.

Strategische Ausrichtung von Aus- und Weiterbildungsmaßnahmen

Der Erfolg von strategischen Planungen (z. B. Prozeßorientierung, lernende Organisation, Umsetzung der Leitidee, neue Geschäftsfelder, Kundenorientierung) hängt davon ab, inwieweit die Mitarbeiter in der Lage sind, Ziele, Einzelmaßnahmen und Projekte der Strategie für ihren Bereich abzuleiten, zu entwickeln und umzusetzen. Daher werden neben üblichen Schulungs- und Weiterbildungsmaßnahmen strategische Ausrichtungen der Aus- und Weiterbildungsmaßnahmen zunehmend wichtig. D. h. Mitarbeiter sind so zu qualifizieren, daß sie

- ihr Fachgebiet beherrschen, funktions- und prozeßbezogene Kenntnisse und Fähigkeiten anwenden können, die zur Lösung aktueller und zukünftiger Aufgaben erforderlich sind.
- Probleme erkennen und
- erarbeitete Lösungen in die Praxis umsetzen können.
- besser miteinander kommunizieren, kooperieren und Konflikte konstruktiv lösen können.

In fachlicher Hinsicht können Schulungsmaßnahmen erforderlich sein z. B. bei der Einführung von neuen EDV-Anlagen (Umgang mit der Software) oder neuen Dienstleistungen (rechtliche Grundlagen). Meist konzentrieren sich die üblichen Fort- und Weiterbildungsmaßnahmen auf den fachlichen Bereich; die Qualifikation im methodischen und sozialen Bereich wird häufig vernachlässigt. Die Kenntnisse und Fähigkeiten im methodischen und sozialen Bereich sind aber für die erfolgreichen Umsetzung von neuen Strategien oder organisatorischen Maßnahmen von wesentlicher Bedeutung.

Im methodischen Bereich geht es darum, die Mitglieder der Organisation zu trainieren, daß sie Probleme darstellen und systematisch an Problemlösungen mitarbeiten. Dazu gehören Methoden der

- Informationsbeschaffung, z. B. Arbeiten im Internet,
- Problemlösungs- und Entscheidungstechniken, z. B. Methoden zur Planung- und Steuerung komplexer Projekte,
- Projektorganisation, z. B. Netzplantechnik, Flussdiagramme,
- Ideenfindung, z. B. Brainstorming, Morphologie,
- Prioritätensetzung, z. B. ABC-Analyse,
- Bewertungsmethoden, z. B. Wertanalyse,
- Entscheidungsmethoden, z. B. Kostennutzen- und Konzeptanalyse,
- Optimierungsmethoden, z. B. Simulationsverfahren,
- Entwicklung bzw. Weiterentwicklung der Vortrags- und Präsentationstechnik.

Soziale Fähigkeiten betreffen den Umgang mit sich selbst, mit anderen und das Arbeiten im Team. Voraussetzung für eine bessere Kommunikation und Kooperation ist nicht nur die Fähigkeit, entsprechende Methoden anwenden zu können, sondern vor allem auch die Fähigkeit und Bereitschaft, Meinungen und „Gefühle" im Zusammenhang mit Tätigkeiten im Unternehmen darzustellen und auszutauschen. Dieser Austausch kann Basis für die systematische Bearbeitung von zwischenmenschlichen und sachlichen Problemen und das Lösen von Konflikten sein. Das Aussprechen von Unzufriedenheit führt meist zur Offenlegung und Klärung dahinter stehender Probleme. Konflikte lassen sich oft nicht vermeiden, wichtig ist aber, wie Mitarbeiter damit umgehen und die Reibungsverluste so gering wie möglich bleiben. Ein weiteres, insbesondere bei bisher hierarchisch geführten Organisationen wichtiges soziales Element ist Kritikfähigkeit im Sinne der Selbstkritik und konstruktive Kritik am gemeinsamen Verhalten.

Eine wichtige Ausgangslage für die Planung von Qualifizierungsmaßnahmen sind die Unternehmensstrategie und die davon abgeleiteten Ziele auf allen Ebenen. Bereits bei der Strategieentwicklung ist es ratsam, von Anfang an die wichtigsten Führungskräfte einzubeziehen. Ebenso sind bei der Festlegung von Projekten und Einzelmaßnahmen entsprechende Mitarbeiter zu beteiligen und der Qualifizierungsbedarf mit Hilfe eines Soll-Ist-Vergleichs zwischen den vorhandenen und den zukünftig erforderlichen Kenntnissen und Fähigkeiten zu ermitteln.

Oft kann nicht davon ausgegangen werden, daß ausgeprägte methodische und soziale Fähigkeiten bei den Mitarbeitern vorhanden sind. Vorhandene Fähigkeiten sollen vertieft werden. Sie können dadurch gefördert werden, daß die Mitarbeiter aufeinander angewiesen sind und sich in gemeinsamen Aktivitäten weiter entwickeln. Solche Verhaltensänderungen zeigen sich dann in dem Verhalten der Einzelperson zum Team, zur Gesamtorganisation und zur Gesamtstrategie.

Um die Effizienz von Schulungsmaßnahmen sowohl für die einzelnen Weiterbildungsmaßnahmen als auch für den gesamten Umsetzungsprozeß im Unternehmen zu steigern, ist zu empfehlen, Lenkungsinstrumente wie Fragebögen und Mitarbeitergespräche einzusetzen.

Bei der Festlegung des Maßnahmenträgers ist unter Kosten- und inhaltlichen Gesichtspunkten abzuwägen, inwieweit die einzelnen Maßnahmen von eigenen oder externen Referentinnen und Referenten oder externen Bildungseinrichtungen durchgeführt werden soll. Vor allem ist darauf zu achten, daß die Maßnahmen auf die Bedürfnisse der Organisation ausgerichtet sind, um einen kostenintensiven „Bildungstourismus" zu verhindern. Alle Planungs-, Durchführungs- und Lenkungsmaßnahmen sollten bei entsprechendem Datenumfang EDV unterstützt durchgeführt werden.

Kundenzufriedenheit

Die Kundenzufriedenheit ist einer der wichtigen Kriterien im TQM. Kundenbefragungen und Marktanalysen unterschiedlicher Art gehören zum Standard. Ergebnisse dieser Messungen fließen in Verbesserungsmaßnahmen ein und werfen in vielen Fällen Fragen auf:

- Wo und wie können wir uns noch verbessern?
- Wie stehen die Mitarbeiter zu ihren Kunden?
- Wie stehen Sie zu ihren internen Kunden und Lieferanten?
- Besteht eine schwache Kundenorientierung, die Mitarbeitern die Chance läßt, „Feindbilder" aufzubauen?
- Woher stammt die gelegentlich und spaßig gemeinte Äußerung: „der Kunde droht mit einem Auftrag"?

Eine Überforderung in der täglichen Praxis kann Grund für eine Verbesserung der Verfügbarkeit von Ressourcen sein. Auch mangelnder Teamgeist, der nur auf „Einzelkämpfer" setzt, erzeugt nicht die Motivation unter den Mitarbeitern, die eine Begeisterung für die Arbeit und den Kunden hervorbringt.

Mitarbeiter

Das Verhalten der Mitarbeiter kann auf unterschiedliche Weise verbessert werden. Darum ist es erforderlich, zunächst die Hauptursachen einer unzureichenden Kundenorientierung festzustellen. Da es keine Patentrezepte gibt, bedarf es überlegter Handlungen, rigide Vorschriften können sehr kontraproduktiv wirken. Es muß also gelingen, das Ziel der Kundenorientierung klar zu erkennen und personelle wie auch strukturelle Maßnahmen einzusetzen. In der Vergangenheit hochgezogene Abteilungsmauern, die nicht sichtbar, doch ebenso unüberwindlich wie Burgmauern sind, dürfen nicht bestehen. Als Sofortmaßnahme bleiben die Zugbrücken unten und weitere Tore werden in die Mauern gesprengt. Das weitere Abtragen der Mauern ist danach schnell erledigt und wird häufig von den Mitarbeitern selbst vorangetrieben, da sie feststellen, es geht nicht um ihren Kopf, nicht um Mißachtung ihrer Arbeitsleistung, nicht um Prestigeverlust, sondern vielmehr um die Schaffung von Freiräumen, d.h. Selbständigkeit und Bereitschaft, dafür Verantwortung zu übernehmen.

Dem Mitarbeiter ist durch Schulung oder andere Maßnahmen zu erklären, warum Schwierigkeiten bestehen, warum sie negative Auswirkungen beim Kunden auslösen und welche Konsequenzen es für das Unternehmen hat, wenn sich der Kunde anderen Dienstleistern zuwendet.

In besonders schwierigen Situationen sollte sich ein Unternehmen überlegen, inwieweit es erforderlich ist, einen Arbeitspsychologen mit Beratung und Unterstützung zu beauftragen.

Langfristige Geschäftserfolge

Für die Messung der TQM-Erfolge bieten sich verschiedene Methoden an. Die vom QMS her bekannten Messungen zur Ermittlung und Auswertung von Prüfergebnissen sowie die Bearbeitung von Reklamationen und Beschwerden zum Ziele der Korrektur und Verbesserung von Prozessen, sind im TQM zu erweitern für die Mitarbeiterzufriedenheit, das Controlling, das Benchmarking sowie zur Ermittlung der Auswirkungen auf die Gesellschaft, die durch Prozesse des Unternehmens berührt sein können. Im Self-Assessment wird der aktuelle Stand aller Wirkungen des jeweiligen TQM ermittelt. Dafür ist es empfehlenswert eine ausreichende Anzahl von TQM-Assessoren (EFQM) ausbilden zu lassen. Diese bewerten die Systeme und schaffen Voraussetzungen, die ermittelten Ergebnisse vergleichbar zu betrachten.

Gesellschaftliche Verantwortung

Der Nutzen der Gesellschaft verlangt den beständigen Erfolg der Organisation. Die Arbeitsplätze sollen langfristig sicher sein, Lieferanten und Subunternehmen erwarten eine gute Partnerschaft und die Investoren/Aktionäre Renditen, die das notwendige Vertrauen in die Organisation sichern.

Die Achtung unserer Umwelt ist ein wichtiges Anliegen unserer Gesellschaft. Zum Umweltbewußtsein gehört der sparsame und bewußte Verbrauch von Energien, Rohstoffen und Produkten. Schadstoffe sollten nur dann genutzt werden, wenn es unvermeidlich ist. Der Umgang muß entsprechend der Auflagen durch den Gesetzgeber als auch den Hersteller berücksichtigt werden. Abfälle sind der entsprechend vorgesehenen Entsorgung sortiert zuzuführen.

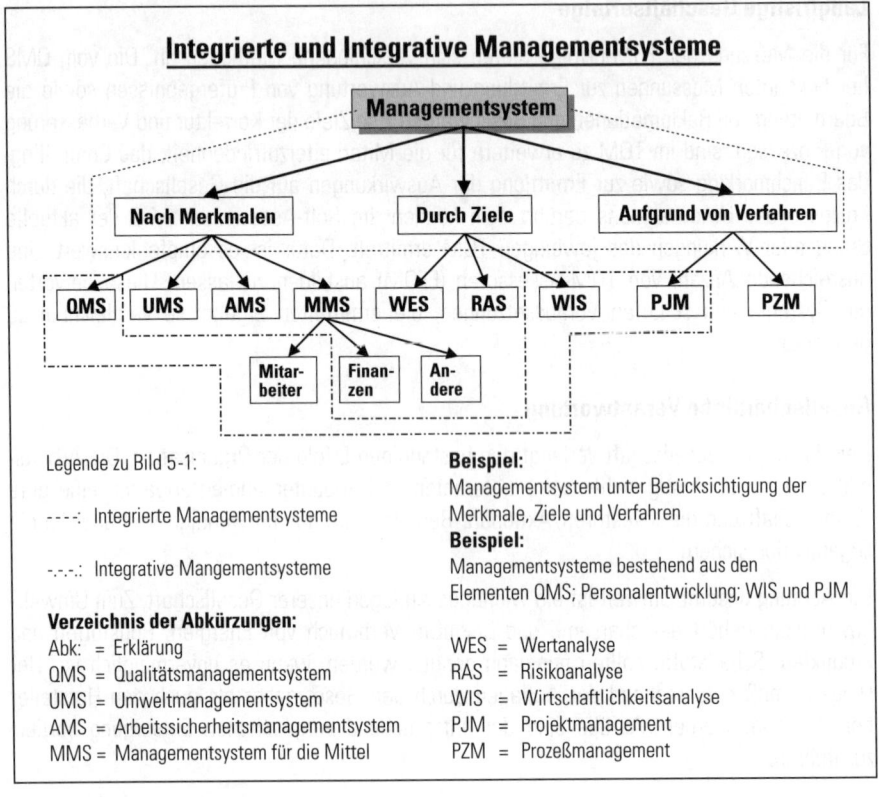

5 Integrative Management Systeme (IMS)

Ein Unternehmen muß grundlegend die Entscheidung treffen, ob eine Integration verschiedener eigenständiger Systeme (integrierte Systeme) oder durch eine wirkliche Integration auf der Basis zusätzlich aufgenommene Managementelemente erfolgen soll (integratives System), die in allen relevanten Anweisungen berücksichtigt werden müssen und in einem gemeinsamen Handbuch dokumentiert sind.

Integrierte und Integrative Managementsysteme

```
                           Managementsystem
              ┌───────────────────┼───────────────────┐
        Nach Merkmalen        Durch Ziele       Aufgrund von Verfahren
   ┌────┬────┬────┬────┐    ┌────┬────┐      ┌────┬────┬────┐
  QMS  UMS  AMS  MMS   WES  RAS        WIS  PJM  PZM
                         Mitar-   Finan-   An-
                         beiter   zen      dere
```

Legende zu Bild 5-1:

- - - -: Integrierte Managementsysteme

-.-.-.: Integrative Mangementsysteme

Verzeichnis der Abkürzungen:
Abk: = Erklärung
QMS = Qualitätsmanagementsystem
UMS = Umweltmanagementsystem
AMS = Arbeitssicherheitsmanagementsystem
MMS = Managementsystem für die Mittel

Beispiel:
Managementsystem unter Berücksichtigung der Merkmale, Ziele und Verfahren
Beispiel:
Managementsysteme bestehend aus den Elementen QMS; Personalentwicklung; WIS und PJM

WES = Wertanalyse
RAS = Risikoanalyse
WIS = Wirtschaftlichkeitsanalyse
PJM = Projektmanagement
PZM = Prozeßmanagement

Bild 5-1: Integrative Managementsysteme

5.1 Nutzen der Systeme

Verschiedene und nebeneinander stehende Managementsysteme haben in den vergangenen Jahren zu Schwierigkeiten in deren Umsetzung geführt. Waren es zunächst nur solche Schwierigkeiten, die mit dem jeweiligen System in praktischer Hinsicht zu tun hatten, so zeigte sich doch schnell, daß es Ungereimtheiten und Nachteile für die Unternehmen mit sich brachte, ein bestehendes System durch weitere separat betriebene zu ergänzen. Die Systeme mochten für sich selbst betrachtet effizient sein, nicht jedoch im ganzheitlichen

Sinn. Zu viele redundante Abläufe entstanden. Widersprüche in der Dokumentation waren an vielen Stellen gegeben, die die Akzeptanz im Unternehmen verminderten.

Durch umfangreiche Schulungsmaßnahmen und Tätigkeiten der Verantwortlichen in Unternehmen, Unternehmensberatungen, bei Zertifizierern und deren übergeordneten Organisationen entstand der Konsens zu integrativen Systemen.

Ein praktiziertes TQM ist die günstigste Ausgangsposition für die Schaffung eines integrativen Systems.

Der Nutzen eines integrativen Systems ist in einigen wichtigen Aspekten zu erkennen:

- Unternehmen haben die Möglichkeit, nicht nur die Einhaltung der Forderungen der ISO 9001 zertifizieren zu lassen, sondern auch die der Norm 14001 und/oder der EG-Öko-Audit Verordnung
- Transparenz und damit Vertrauen innerhalb des Unternehmens, ggf. auch dem Kunden und Lieferanten gegenüber
- Synergien in der Prozeßoptimierung, der Dokumentenverwaltung und der Transparenz in der Begriffsdefinition
- Vereinfachung der Verwaltung
- Akzeptanz im Unternehmen, bei Kunden, Lieferanten und Institutionen/Behörden

5.2 Übersicht zu einigen integrationsfähigen Systemen

Normen

- QMS nach DIN EN ISO 9001
- UMS (Umweltmangementsystem) nach ISO 14001

Technische Spezifikation

- TS 16949 (Sektordokument Automobilindustrie)

Andere Referenzdokumente

- QMS nach QS-9000 (Automobilindustrie)
- QMS nach VDA 6.1 (Automobilindustrie)

Die hier aufgeführten Dokumente nennen die bekanntesten Regelwerke. Es ist zu bedenken, daß diese selten alleinstehend sind, sondern eine Vielzahl von Normen einbeziehen, die es zu berücksichtigen gilt, um spezifischen Forderungen gerecht zu sein oder zu werden. So wird z. B. mit der ISO 9000-Familie eine Normengruppe angesprochen, die Normen des Qualitätsmanagements einbeziehen. Für einen Dienstleister ist es u. a. die DIN EN ISO 9004-2.

Die aufgeführten Systeme der Automobilindustrie sind hier insofern interessant, als sie einen Dienstleister betreffen. Dies wird von der Art seiner Leistungen abhängig sein.

Managementmodelle und Systeme

- SCC (Safety Certification Contractors), Arbeitsschutz-Managementsystem
- SGL/SGU (Sicherheit, Gesundheits- und Umweltschutz)

SCC und SGL/SGU sind ideal in die QM-Normen integrierbar. Dies soll nicht ausschließen, daß dieses nicht auch mit o. g. normativen Dokumenten möglich ist. Auch an dieser Stelle ist anzumerken, daß SCC mit seinem Ursprung in der petrochemischen Industrie selten bei Dienstleistungsunternehmen Beachtung findet. Dies gilt nicht für entsprechenden Leistungen der Beratung oder Labortätigkeiten. SCC soll neben der unternehmenseigenen Sicherheit auch die im oder für das Unternehmen tätigen Fremdfirmen (Kontraktoren) vor Unfällen schützen, d. h. Anlagen- und Arbeitsschutz, Gesundheits- und Umweltschutz müssen auch bei den Kontraktoren entsprechend berücksichtigt sein. Die mit zunehmender Prozeßorientierung und -optimierung einhergehende Vermischung von Arbeitsgängen mit unterschiedlicher Verantwortlichkeit (z. B. Wartung durch Betriebsfremde) verlangt den Einschluß des Arbeitsschutz-Managementsystems in die Zertifizierungsverfahren mit dem Ziel einer konsequenten Vermeidung von Störungen und Unfällen aller Art. Insbesondere größere Unternehmen sollten von Beginn an die zuständige Berufsgenossenschaft in ihre Planungen und Aktivitäten einbeziehen. Dieses kann für das Unternehmen erhebliche Vorteile bringen, denn verständlicher Weise hat eine Berufsgenossenschaft ein besonderes Interesse an der Vermeidung von Unfällen und Krankheiten.

Bewertungsmodell

- EFQM (European Foundation for Quality Management)

Verordnungen

- EG-Öko-Audit-Verordnung/EMAS (Environmental Management and Audit-Scheme) nach EWG. 1836/93
- HACCP (Harzard Analysis and Critical Control Points)
- LMHV (Lebensmittelhygieneverordnung)
- EfbV (Entsorgungsfachbetriebeverordnung)

Die hier genannten Verordnungen, die für ein integriertes System zur Beachtung kommen können, sind nicht vollständig, sie sind jedoch weithin bekannt und somit aufgeführt. Da EMAS standortbezogen ist, kann eine Schwierigkeit entstehen, die es für Managementsysteme zu überwinden gilt, die nicht standortbezogen sind.

Gesetze

- AsiG (Arbeitssicherheitsgesetz)
- UAG (Umweltauditgesetz)
- LMBG (Lebensmittel- und Bedarfsgegenständegesetz)
- KonTraG (Artikelgesetz zur Kontrolle und Transparenz im Unternehmensbereich)

In den letzten Jahren entstanden zunehmend Gesetze mit Festlegungen zum Qualitätsniveau, die Einfluß auf die Managementsysteme ausüben. Ein Grund dafür ist die Entstehung eines einheitlichen Europas durch die Mitgliedsländer der Europäischen Union. Die jeweiligen Normen der Länder, aber auch andere nationale Forderungen, müssen harmonisiert werden. Ein großer Teil ist durch Richtlinien und Verordnungen bereits beherrscht, in vielen Fällen verlangt das europäische Parlament die Umsetzung in nationale Gesetze. Es wird eine gewisse Zeit vergehen, bis alle Umsetzungen in den einzelnen Ländern mit gleichem Nachdruck befolgt werden und angepaßte Verhältnisse bestehen. Eines der erklärten Ziele dieser Harmonisierung ist, durch über normative Dokumente vergleichbare Managementsysteme die Voraussetzung zu schaffen, daß Forderungen der Kunden innerhalb Europas mit gleicher Tiefe erfüllt werden können.

QS-Vereinbarungen – Forderungen von Kunden und Lieferanten

- Vertragliche Vereinbarungen mit Kunden
- Lieferantenvereinbarungen

Qualitätssicherungsvereinbarungen mit Kunden und Lieferanten/Hersteller sind nicht nur in der Automobilindustrie anzutreffen, sondern auch bei Dienstleistern in den unterschiedlichsten Branchen. Dort werden sie häufig als Partnerverträge bezeichnet. Sie sollen sicherstellen, daß die Schnittstellen zu den Kunden bzw. Lieferanten definiert sind und gleichbleibend betrieben werden.

Ein Beispiel sind Partnerverträge, die namhafte Computerfirmen mit autorisierten Partnern abschließen, die nicht nur deren Produkte vertreiben, sondern auch den Service für die Installation, Betreuung, Wartung und Reparatur übernehmen.

Es ist nur verständlich, daß umfangreiche Forderungen der Lieferanten/Hersteller an den autorisierten Partner gestellt werden. Er soll nicht im Auftrag handeln, sondern eigenständig mit hohem Niveau die Leistung erbringen, welche letztendlich vom Lieferanten gemessen wird, denn das Image soll nicht nur erhalten werden, sondern mit Hilfe der Partner erweitert und verbessert werden.

Umfassende interne, unternehmensspezifische Regelungen und Systeme, z. B.:

- Controlling
- Innovationsmanagement
- Risikomanagement
- Notfallmanagement
- Informationsschutzmanagement
- Dokumentenmanagement
- Personalmanagement
- Ethikmanagement

Die unternehmensspezifischen Regelungen und Systeme geben den Unternehmen bestimmte Verfahren, die Schwerpunkte ihrer Geschäftspolitik mit besonderen, ins Detail gehenden Merkmalen auszustatten. Dadurch sind gesetzte Ziele in vielen Fällen leichter zu erreichen.

Kostenrechnungen werden in zunehmenden Maße erforderlich, da die Marge zwischen Ein- und Verkaufpreis bzw. Aufwand der Leistungen gegen Einnahmen in vielen Branchen immer geringer ausfallen. Der Preiskampf des Marktes führt zu internen Forderungen, die Kosten zu erfassen, auszuwerten und Wege zu finden, mit geringen Margen Gewinne zu erzielen, die einen Fortbestand des Unternehmens nicht nur sichern, sondern entsprechend der Ziele, vielleicht sogar zum Marktführer bringen.

Das Innovationsmanagement fördert die Forschung und das Marketing im Unternehmen, dieses gilt für Dienstleister gleichermaßen. Neue oder innovativ veränderte Dienstleistungen finden ihren Kunden, wenn sie ihm helfen, das Leben einfacher, freundlicher, erholsamer oder interessanter zu erfahren.

Unternehmen begnügen sich nicht mehr mit einer einfachen Vertragsprüfung, die nur unwesentlich über eine geforderte Anzahl von Unterschriften hinausgeht. Sondern bei Projektgeschäften oder ähnlichen Leistungen ist es erforderlich, das Risiko zu ermitteln und die Erkenntnisse in Angebote und Verträge einzubinden.

Insbesondere bei Aktiengesellschaften, jedoch auch bei Unternehmen mit beschränkter Haftung und auch solchen, die nur entsprechend dem Handelsgesetzbuch tätig sind, hat das Artikelgesetz KonTraG Bedeutung für das unternehmerische Risikomanagement.

Ein Notfallmanagement kann für unterschiedliche Anwendungen von großem Nutzen sein. Im EDV-Bereich z. B. für den Fall eines umfangreichen Systemausfalls, wenn Ausweichanlagen mit dem aktuellen Programm- und Datenbestand zur Verfügung stehen müssen. Die Jahr-2000 Fähigkeit von Geräten und Anlagen hat viele Unternehmen, vielleicht sogar erstmalig, dazu bewogen, Notfallpläne für den Fall aufzustellen, daß eigene Anlagen oder die der Zulieferer oder Kunden nicht den Jahrtausendwechsel und die Besonderheit der Schaltjahrregelung beherrschen.

Das Informationsschutz- oder auch kurz genannt Informationsmanagement lenkt die Informationsflut, die sich insbesondere durch die Nutzung elektronischer Medien verstärkt einstellt. Die Hauptaufgabe besteht in der Erzeugung einer Informationskongruenz, die aus Informationsbedarf, Informationsangebot, Informationsnachfrage und Informationsschutz besteht. Dieses Management ist eng verbunden mit einem Dokumentenmanagement.

Die Lenkung von Dokumenten hat sich in den vergangenen Jahren für viele Unternehmen zu einem eigenen Managementsystem entwickelt, um Dokumente schnell und sicher an die Personen zu leiten, die den aktuellen Bedarf haben. Elektronische Einrichtungen, wie Scanner, Datennetzwerke und Massenspeicher machen es unter Verwendung von leistungsfähigen und angepaßten Datenbanken möglich, Dokumente zu bearbeiten und zu verwalten. Das „Archiv im Keller" beschränkt sich auf Dokumente, die in Originalen archiviert werden müssen.

Im TQM ist ein Personalmanagement erforderlich, um optimale Prozesse gestalten zu können, das mehr als nur Verwaltung der Mitarbeiterdaten, Gehaltsabrechnung, Schulungsmaßnahmen u. a. leistet. So sind bereits bei der Anwerbung von Mitarbeitern, der Belegschaftsbetreuung und Kommunikation mit diesen Verbesserungen zu erzielen, die bei den Mitarbeitern Vertrauen schaffen und so die Überzeugung gewinnen lassen, – wir sind ein Team, – hier fühle ich mich wohl, – für dieses (mein) Unternehmen setze ich mich ein. Es schafft z. B. eine dauerhafte Motivation, wenn der Mitarbeiter sich gut über das Geschehen im Unternehmen informiert fühlt und für ihn verständliche Erläuterungen bereitstehen. Er hat nicht das Gefühl „über den Tisch gezogen zu werden".

Eng mit dem Personalmanagement verknüpft ist ein in den USA entwickeltes Ethikmanagement vorstellbar. Die ethische Orientierung im Unternehmen soll die moralischen Werte verwirklichen und die Einhaltung der entsprechenden Wertestandards verlangen. So entspricht die qualitative Dienstleistung der Fairneß und der Leistungsangemessenheit nach innen als auch nach außen betrachtet. Der Kunde und der Lieferant soll von diesem Management gleichermaßen profitieren wie der Mitarbeiter. Es bleibt abzuwarten, wie sich das Ethikmanagement seinen Weg nach Europa bahnt und wie es zur Anwendung gelangt.

5.3 Integration von Managementsystemen

Vorgehensweise

Dafür ist es erforderlich, die Aufbau- und Ablauforganisation in einem gemeinsamen System zu beschreiben. Bei allen Projekten, die Veränderungsprozesse vorantreiben, spielen mögliche Widerstände im eigenen Unternehmen eine wichtige Rolle (s. Hauptabschnitt 3).

Neben den bekannten Aufgaben, die für die Planung und Einführung eines QMS zu beachten sind, wie z. B. die Erstellung von QM-Plänen, Q-Politik, QM-Dokumentationen und Durchführung von Schulungsmaßnahmen, kommen nun weitere hinzu, die organisatorisch bedingt erforderlich sind.

Zum einen sind interne Organisationen zu schaffen, die eine Verschmelzung verschiedener Forderungen ermöglichen, das heißt, verteiltes Wissen im Unternehmen muß koordiniert und verständlich zusammengeführt werden. Zum anderen sind externe Organisationen erforderlich, die gewünschten Validierungen und Zertifizierungen vornehmen.

Es ist nicht unbedingt sichergestellt, daß eine einzige Organisation befähigt ist, ein integriertes/integratives System im vollen Umfang zu zertifizieren. So werden z. B. ausschließlich Organisationen auf der Basis der EN 45012 als Zertifizierer durch die Trägergemeinschaft für Akkreditierung (TGA) in Frankfurt, akkreditiert. Hingegen ist die Deutsche Akkreditierungs- und Zulassungsgesellschaft für Umweltgutachter (DAU) in Bonn für die Zulassung und Notifizierung von Organisationen und Einzelpersonen als Umweltgutachter im Rahmen des Umweltauditgesetzes zuständig. Somit ist es für ein Unternehmen, welches sich mit einem integrierten/integrativen System auseinander setzen möchte, unerläßlich, wenn das erforderliche Know-how in der eigenen Organisation nicht verfügbar ist, sich bereits sehr frühzeitig mit Beratern Verbindung aufzunehmen, die bei den rechtlichen und verfahrenstechnischen Möglichkeiten unterstützen können.

Sind die grundsätzlichen Bedingungen geklärt, können die Unternehmensziele eindeutig dokumentiert werden. Es ist darauf zu achten, auch bei der Zielformulierung einen ganzheitlichen Ansatz zu verfolgen und nicht nur die Ziele der einzelnen Elemente aneinander zu reihen.

Integration von Auditsystemen

Den integrierten Managementsystemen folgend ist es nicht nur wünschenswert sondern auch erforderlich, die verschiedenen Audits systemübergreifend einzusetzen. Ziel ist es, die Managementsysteme in einem gemeinsamen Audit zu bewerten. Für ein großes Unternehmen ist eine Integration gut umsetzbar, doch manche kleine und mittelständische Unternehmen (KMU) sind unter Umständen überfordert. Dennoch ist es auch für diese Unternehmen sinnvoll, die Vielfalt der Prüfung und Bewertung unternehmensgerecht zu gestalten.

Mit der Integration der verschiedenen Audits steigt natürlich auch die Forderung an die Qualifikation der beteiligten Auditoren. Sie sollten Managementerfahrung besitzen und aktuelle Management- und Führungspraktiken beherrschen.

Für Interne Auditierung, Managementbewertungen, Korrekturmaßnahmen und Verbesserungen müssen die Prozesse so gestaltet sein, daß die Verantwortlichkeiten eindeutig sind. Diese Verantwortlichkeit kann z. B. verlangen, daß sich die Auditteams aus Fachleuten der jeweils integrierten Systeme zusammensetzen, dieses kann gleichermaßen auch für Managementbewertungen berücksichtigt werden. Es ist bei der Festlegung des Auditprogramms darauf zu achten, daß redundante Tätigkeiten entfallen. Für Korrektur- und Verbesserungsmaßnahmen empfehlen sich Teams oder Qualitätszirkel, die eine integrierte Lösung erarbeiten und damit sicherstellen, tatsächlich ein System zu erhalten und nicht durch die Hintertür neue Insellösungen schaffen.

Kennzahlen

Das Unternehmen sollte sich ein Konzept für ein Kennzahlenmodell (siehe Unterabschnitt 4.3.2) erstellen. Im EFQM-Modell ist dies bereits gefordert und in der Literatur nachzulesen. Auch ohne dem EFQM-Modell folgen zu wollen, müssen einige Voraussetzungen geschaffen werden, die von der realen Ausgangslage des Unternehmens bestimmt sind. Spezifischen Eigenschaften, wie Unternehmensgröße und Verteilung in den Standorten, die Marktsensibilität durch Produkte und Leistungen sowie zum Mitbewerb und intern die organisatorische Verankerung zu Controlling und Kostenrechnung sind einzubeziehen. Die Vorgehensweise muß übergreifend auf Unternehmen mit anderen Zielen und Erwartungen übertragbar sein.

Die Bildung der Kennzahlen kann in monetären und physikalischen Kategorien erfolgen, z. B. Reklamationen und Reklamationskosten, die durch Unterkategorien erweitert werden können, wie Nacharbeit und Nacharbeitskosten. Diese Aufschlüsselungen sind nun entsprechend der Ziele zu gewichten und Kostenstellen oder Verursachern zuzuordnen.

Sobald die Struktur eines Kennzahlensystem feststeht, können mit der Verknüpfung oder Gegenüberstellung verschiedener Werte komplexe Zusammenhänge erkannt werden und damit auch nach einer Analyse zur Verbesserung von Prozessen beitragen.

6 Literaturverzeichnis

[Diemer] Dienstleistungswirkungseinheiten – Ein anderer Weg zum Kunden,
Regina von Diemer,
Tagungsbeitrag, DGQ-Qualitätstagung 1992
– nicht mehr erhältlich –

[Kreuter] Beratungsqualität muß Maßstab sein
Dr. Peter Kreuter/Dr. Harald Seyfarth,
Zeitschriftenartikel aus „Sales Profi", 7/98

[Masing] Handbuch Qualitätsmanagement
Hrsg. Prof. Dr. Walter Masing, 4. Aufl. 1999, Carl Hanser
Verlag, ISBN 3-410-32909-9

DGQ-Bände

DGQ-Schrift 10-04 Qualifizierung – Literatur als Partner

DGQ-Band 11-04 Begriffe zum Qualitätsmanagement, 6. Aufl. 1995
ISBN 3-410-32860 2

DGQ-Band 12-01 Integration unternehmerischer Funktionen in ein allgemeines
Managementsystem, 1. Aufl. in Vorbereitung

DGQ-Band 14-01 ISO 9000-Familie und darüber hinaus?, 1. Aufl. 1999
ISBN 3-410-32901-3

DGQ-Band 14-18 Wirtschaftlichkeit durch Qualitätsmanagement, 1. Aufl. 1995
ISBN 3-410-32888-2

DGQ-Band 30-01 Qualitätsmanagement bei Dienstleistungen, 1. Aufl. 1995
ISBN 3-410-32885-8

FQS-Band 85-04 Qualitätssicherung in Dienstleistungsprozessen
Theoretische Grundlagen für die strategische Planung von
Qualitätszielen im Dienstleistungsbereich, 1. Auflage 1995
ISBN 3-410-32871-8

Bezugsquellen

DGQ-Schrift 10-04   Deutsche Gesellschaft für Qualität e.V.
August-Schanz-Straße 21 A
60433 Frankfurt
Tel.: (0 69) 9 54 24-180
Fax: (0 69) 9 54 24-133

DGQ-Bände   Beuth Verlag GmbH
10772 Berlin
Tel.: (0 30) 26 01-22 60
Fax: (0 30) 26 01-12 60

7 Stichwortverzeichnis

A
ABC-Analyse	51
Ablaufpläne	31, 41
Affinitätsdiagramm	51, 61
Angst	17
Arbeitsmethode	22

B
Benchmarking	46
Beschwerdemanagement	55
Bewertungsmodell	68
Beziehungsdiagramm	56
Brainstorming	54
Brainwriting	54, 65
Business Excellence	58

D
Deming-Prize	60
Dienstleistung	24
Dienstleistungsprozeß	28
Dokumentenmanagement	69

E
EFQM-Modell	61
Engagement	16
Ethikmanagement	71
European Quality Award	70

F
Fähigkeiten	17
Fischgräten-Diagramm	56
Flußdiagramm	57
FMEA	52
Fragebogen	42
Frequenz	55
Führungsebene	19
Führungsmethode	22
Führungsphilosophie	15

G
GAP	31
Gesamtprozeß	34
Geschäftsleitung	21
Gesetze	68
Gruppenarbeit	17

H
Histogramm	56

I
Information	19
Informationsfluß	19, 20
Informationslenkung	20
Informationsmanagement	70
Innovationsmanagement	70
Integration	71
Ishikawa	56
ISO	7

K
Kennzahlen	46, 72
Kernprozeß	32
Kommunikation	20, 21
Kommunikationswege	15
Kontinuierlicher Verbesserungsprozeß	69
Korrelationsdiagramme	56
Kostenrechnungen	70
Kraftfeldanalyse	56
Kritikfähigkeit	18
Kundenbefragungen	45
Kundenzufriedenheit	41, 64

L
Ludwig-Erhard-Preis	61

M
Managementmodell	7, 68
Matrix-Daten-Analyse	51
Messung	28
Mind-Mapping	54

N
Netzplan	52
Notfallmanagement	70

O
Organigramme	56

P
Pareto-Diagramm	51
Personal	16
Personalmanagement	69
Portfolio-Analyse	51
Problementscheidungsplan	51
Prozeßorientierung	24

Q
QFD	52
QM-Projekte	21
QS-Vereinbarungen	69
Qualifikation	21
Qualitätsmanagementmethode	59
Qualitätsmanagement-System	7
Qualitätszirkel	51
Q-Ziele	23

R
Regelwerk	67
Relationendiagramm	56

S
Scheinargumente	20
Schlüsselprozeß	32
Schulungsmaßnahmen	62
Self-Assessment	65
Sequentielle Ereignismethode	55

Service-Blueprinting-Verfahren	55
ServQual	55
Spinnetzdiagramm	56
Störungen	7, 11
Strich-(Fehlersammel)-Listen	55
Stützprozeß	32
SWOT-Analyse	48

T
Teamentwicklung	17
TQM	22, 58
Typisierung	24

U
Ursache-Wirkungs-Diagramm	56

V
Verhalten	19
Verordnungen	68
Vignettentechnik	55
Visualisierung	57
Vorurteile	19

W
Werkzeuge	7
Wertschöpfungsprozeß	32
Widerstände	16

Z
Zeitmangel	15

Verzeichnis der Anhänge

Anhang 1	Bild A1-1	Beispiel für Angebots- und Vertragsprüfung für Beratungsdienstleistung
	Bild A2-2	Beispiel eines Angebotsbesprechungsprotokolls
	Bild A2-3	Beispiel für den Ablauf einer Beratungsdienstleistung
Anhang 2		Leitlinien zur Prüfung der Produkthaftung in einer Ingenieurgesellschaft
	Bild A2-1	Anspruchsgrundlage im Haftungsfall
Anhang 3	Bild A3-1	Dienstleistungskreis
	Bild A3-2	Dienstleistungskreis „Sicherheitsnanalyse" einer Ingenieurgesellschaft
Anhang 4	Bild A4-1	Risikotrichter (Gauß) von Dienstleistungsmerkmalen am Beispiel Rediteerwartung des Depots einer speziellen Vermögensverwaltung
	Bild A4-2	Schwankung eines Dienstleistungsparameters nach Gauß
Anhang 5	Bild A5-1	Kundenkontakte – Chancen und Risiken (frei nach G. Hertel „Modellierung der Dienstleistungsqualität")
Anhang 6		„Neuralgische" Punkte von Dienstleistungsprozessen, Negativ-Beispiel: Die Finanzdienstleistung „Altersversorgung" durch stille Unternehmensbeteiligung
Anhang 7		Qualitätsmerkmale von Dienstleistungen, Schlüsselmerkmale, Beispiele und Zusammenhänge
	Bild A7-1	Qualitätsmerkmale von Dienstleistungen
Anhang 8		Beispiele zu Effektivität und Effizienz bei Finanzdienstleistungen
Anhang 9	Bild A9-1	Beispiele eines Auszugs aus einer FMEA in einem Beratungsunternehmen

Anhang 1

Beispiel 1: Angebots- und Vertragsprüfung in einer Ingenieurgesellschaft

ISATEC	Qualitäts-Management	Ausgabedatum 30.04.1995
Seite 1 von 1	Checkliste Angebots- und Vertragsprüfung	Revision B/F 3.1

1. Checkliste Angebots- / Vertragsprüfung für Aufbau des QM-Systems nach DIN EN ISO 9001

2. Checkliste Angebotsprüfung für Hard- und Software-Produkte

Angebot Nr. : vom :	Kunde : QM nach DIN EN ISO :

		Zu beachtende Punkte	Erledigt	
lfd. Nr.			i.O.	n.i.O.
1.	DL, HW, SW	Kundenadresse: Gesellschaftsform, Name, Plz, Ort, Ansprechpartner, Titel, Telefon, Fax; (wenn nötig weiteres) in A oder T		
2.		Nr. A (neu, oder neuer Index bei Änderung)		
3.		Terminvorschläge in A oder T übereinstimmend		
4.		Datum, Projektstart und Ende in A oder T übereinstimmend		
5.		Machbarkeit (Kapazität, Terminplanung) abgeklärt		
6.		Kundengespräch: sind alle im Besuchsbericht oder beim Gespräch vereinbarten Parameter in A oder T eingeflossen		
7.		Gültigkeit von A oder T übereinstimmend (max. 6 Wochen)		
8.		Stimmen MT mit A-Preis und Ablauf überein		
9.		Anschreiben und sämtliche Deckblätter vorhanden		
10.		Anschreiben und sämtliche Deckblätter unterschrieben		
11.		Liefer- und Zahlungsbedingungen		
12.		Seitenumbrüche		
13.				
14.	SW	Systemanforderungen für SW-Produkte definiert		
15.	HW	HW-Voraussetzungen (Interfaceboxen, Schittstellen) erläutert		
16.		Druckerkabel, Prüfmittelkabel, etc. in Kalkulation enthalten		
17.	HW,SW	Garantiezeit		
18.	HW,SW	Lieferzeiten bei Lieferanten erfragt		
19.	HW,SW	Terminplanung für Installation, Schulung, etc. erstellt und geprüft		
20.				
21.	DL, HW, SW	Anhänge (Projektkostenentwicklung, Terminplanung, Unternehmensgrundsätze, etc.) vollständig		
22.	DL, HW, SW	Kopie von A für Historie erstellt		
23.	DL, HW, SW	Checkliste für Angebots- Vertragserweiterung erstellt JA / NEIN		
24.	DL, HW, SW	Wenn NEIN, Zusatzvereinbarungen in Ordnung		
25.				

A = Angebot V = Vereinbarung R = Rechnung T = Terminplanung HW = Hardware SW = Software UB = Unternehmensberatung/Projektmanagement	Verteiler:	☒ SA ☒ V/M

Diese Vorgaben sind bei Beträgen über 50.000,- DM mit dieser Checkliste zu dokumentieren. In anderen Fällen dient die Checkliste als Hilfsmittel.

Geprüft von :	Name :	Datum :

© IC Aug-00 • ISATEC Qualitätsmanagement-Beratung • Werrachstraße. 58 • 79664 Wehr/Baden • Tel. 07762/3381 Q + 70013 • Fax 07762/3381 • L.\F03.1Checklist Angebots

Bild A 1-1: Beispiel Angebots- und Vertragsprüfung für Beratungsdienste

Anhang 1

Beispiel 2: Angebotsbesprechungsprotokoll

ANGEBOTSBESPRECHUNGSPROTOKOLL

Datum: _____ Finanzierungsinstitut: _____

Land: _____ Auftraggeber: _____

Projekt: _____

Teilnehmer: _____

			zu erledigen bzw. zu klären von: (Name bis: Datum)
Entscheidung Angebotsabgabe (einschl. personelle Verfügbarkeit)	☐ja	☐nein	
Budgetierung	☐ja	☐nein	
Federführendes Referat _____			
Zuarbeitende Referate _____			
Einsatzplan	☐ja	☐nein	
Verantwortlich für techn. Ref.: _____ Angebotsbearbeitung kfm. Ref.: _____ (Benennung der zust. Person)			
Externes Budet bekannt?	☐ja	☐nein	

Steuerpflichtig? - pers. EK Steuer
  - Unternehmenssteuer
  - Sonstiges
	☐ja
	☐ja
	☐ja
		☐nein
		☐nein
		☐nein	

Garantien? - Bietung
  - Anzahlung
  - Durchführung
	☐ja
	☐ja
	☐ja
		☐nein
		☐nein
		☐nein	

Angebotsform kfm. (Zahlungsp.) pauschal ☐ nach Aufw. ☐ gemischt ☐			
Akkreditiv, sonst. Sicherheiten	☐ja	☐nein	
Angebotsform techn. Phasen ☐ Optionen ☐ Sonstige ☐			
Zweiumschlagverfahren?	☐ja	☐nein	
Ist eine Projektbegehung vor Angebotsabgabe erforderlich? (wenn ja, Mitnahme der Checkliste für vor Ort zu klärende Fragen)	☐ja	☐nein	
Sind örtliche Kosten zu ermitteln? (wenn ja, wer beschafft bis wann diese Info's?)	☐ja	☐nein	
Konsortium als Anbieter Kons. Vorvertr.	☐ja	☐nein	
Federführende Firma _____			
Konsortialpartner Angebot liegt vor? _____	☐ja	☐nein	
Unterauftragnehmer Angebot liegt vor _____	☐ja	☐nein	
Projekt-Förderungsmaßnahmen? → VR-Information bekannt	☐ja ☐ja	☐nein ☐nein	
Hermesdeckung prüfen	☐ja	☐nein	
Sonstige Informationen Angebote in Verfolgung, LI Aufträge, frühere Angebote			

Unterschrift der Beteiligten/Verteiler:
_____

Bild A 1-2: Beispiel eines Angebotsbesprechungsprotokolls

Anhang 1

Beispiel 3: Ablauf einer Beratungsdienstleistung

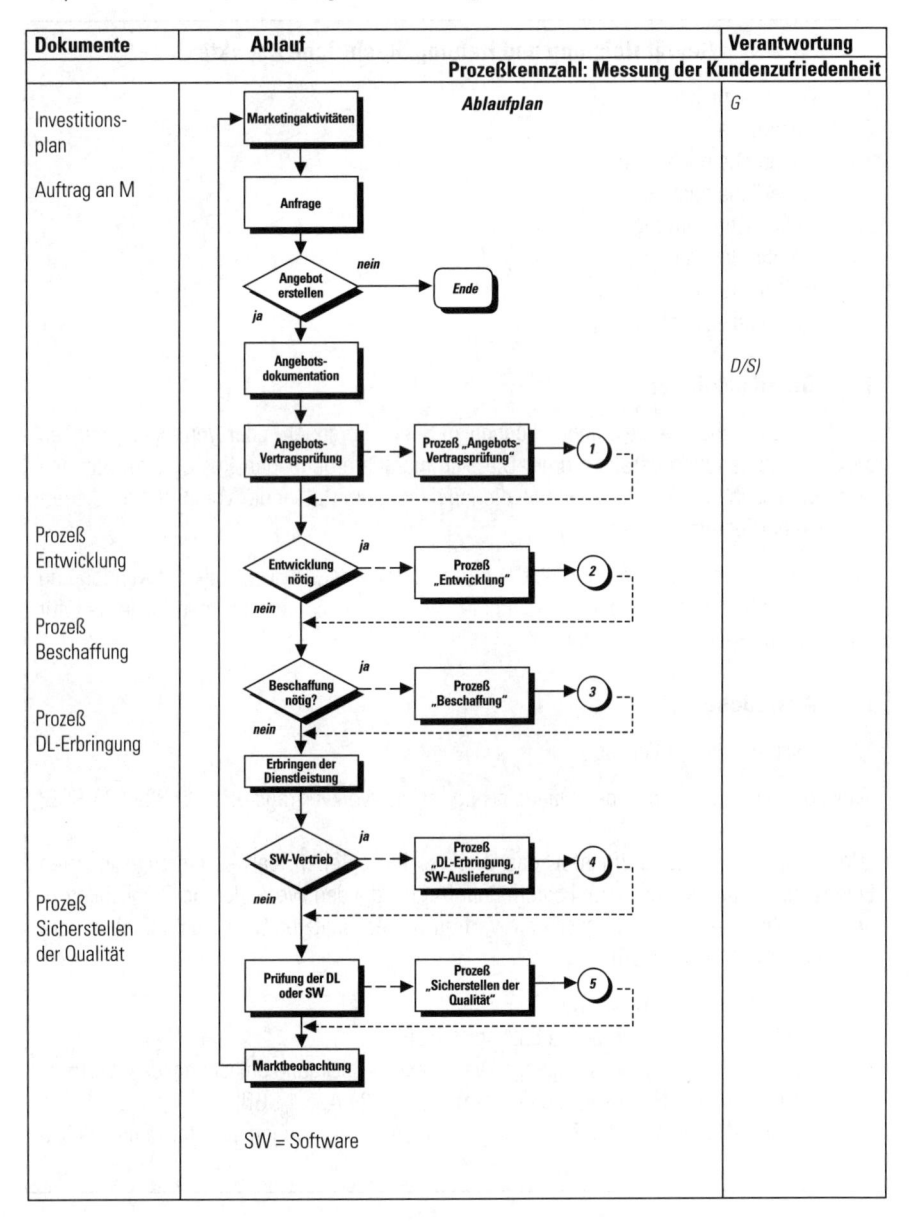

Dokumente	Ablauf	Verantwortung
		Prozeßkennzahl: Messung der Kundenzufriedenheit
Investitionsplan Auftrag an M Prozeß Entwicklung Prozeß Beschaffung Prozeß DL-Erbringung Prozeß Sicherstellen der Qualität	*Ablaufplan* Marketingaktivitäten → Anfrage → Angebot erstellen (nein → Ende, ja ↓) → Angebotsdokumentation → Angebots-Vertragsprüfung → Prozeß „Angebots-Vertragsprüfung" (1) → Entwicklung nötig? (ja → Prozeß „Entwicklung" (2), nein ↓) → Beschaffung nötig? (ja → Prozeß „Beschaffung" (3), nein ↓) → Erbringen der Dienstleistung → SW-Vertrieb (ja → Prozeß „DL-Erbringung, SW-Auslieferung" (4), nein ↓) → Prüfung der DL oder SW → Prozeß „Sicherstellen der Qualität" (5) → Marktbeobachtung SW = Software	G D/S)

Bild A 1-3: Beispiel für den Ablauf einer Beratungsdienstleistung

Anhang 2

Beispiel 1: Leitlinien zur Prüfung der Produkthaftung in einer Ingenieurgesellschaft

Gewährleistung und Haftung, Rechtliche Aspekte
1 Grundsätzliches 2 Ansprüche 2.1 Ansprüche nach Vertrag 2.2 Ansprüche nach Gesetz 2.2.1 Deliktische Haftung 2.2.2 Gefährdungshaftung 3 Haftpflichtversicherung 4 Grundlagen der Haftung **1 Grundsätzliches** Mit Mängeln behaftete Leistungen können zu Sach-, Personen- oder Vermögensschäden sowie Kombinationen daraus führen. Die sich hieraus ergebenden Kosten sind zum Teil nicht voraussehbar. Viele Maßnahmen dienen daher unmittelbar der Vorsorge zum Sicherstellen einer fehlerfreien Leistung. Besonders in den Phasen der Projektdefinition, des Vertragsabschlusses mit Kunden und der Dienstleistungsentwicklung wird immer wieder die Frage nach der Sicherheit für Erfüllung der Spezifikation gestellt. **2 Ansprüche** 2.1 Ansprüche nach Vertrag Welche Rechte der Kunde bei Mängeln hat, ist im Werkvertragsrecht (§ 633–635 BGB) geregelt. „Der Unternehmer ist verpflichtet, das Werk so herzustellen, daß es die zugesicherten Eigenschaften hat und nicht mit Fehlern behaftet ist, die den Wert oder die Tauglichkeit zu dem gewöhnlichen oder dem nach dem Vertrag vorausgesetzten Gebrauch aufheben oder mindern". (§ 633 Abs. 1 BGB). ♦ Der Kunde hat folgende Rechte: Mängelbeseitigungsanspruch (§ 633 Abs. 2 BGB) ♦ bei erfolgloser Mängelbeseitigung: Wandlung = Rückgängigmachung des Vertrags oder Minderung (= Herabsetzung der Vergütung § 634 Abs. 1 BGB) ♦ oder statt Wandlung oder Minderung: Schadenersatz wegen Nichterfüllung (§ 635 BGB)

2.2 Ansprüche nach Gesetz

2.2.1 Deliktische Haftung

Wenn zwischen Hersteller und dem durch ein Erzeugnis (siehe Haftung nach Vertrag) des Herstellers Geschädigten keine vertragliche Beziehung besteht, haftet der Hersteller nach Deliktsrecht (§ 823 BGB) für:
- Mängel der Konstruktion
- Mängel der Herstellung und Prüfung
- Informationsmängel
- Mangelhafte Beobachtung der Erzeugnisse bei Nutzung durch Kunden oder Dritte (im Feld)

Wenn diese Mängel ursächlich für den Schaden sind und der Hersteller die Mängel verschuldet hat und eines der in (§ 823 Abs. 1 BGB) genannten Rechtsgüter (Leben, Körper, Gesundheit, Freiheit, Eigentum oder sonstiges Recht eines anderen) verletzt worden ist, dann hat der Geschädigte einen Anspruch nach § 823 BGB auf Ersatz des entstandenen Schadens.

Ein solcher Anspruch besteht auch bei der Verletzung von sogenannten Schutzgesetzen (z. B. Straßenverkehrsordnung oder Umweltgesetze (§ 823 Abs. 2 BGB).

2.2.2 Gefährdungshaftung

Sie tritt – im Gegensatz zu der vertraglichen oder gesetzlichen Haftung – auch ohne Verschulden des Schädigers ein. Sie knüpft eine Haftung des Halters der Einrichtung an die z. B. von der bloßen Inbetriebnahme der Einrichtung ausgehende Gefährdung (Betriebsgefahr) an, wenn durch den Betrieb der Einrichtung Dritte zu Schaden kommen. Typisches Beispiel ist die Straßenverkehrshaftung. Gleiches gilt für das Inverkehrbringen von Produkten (Produkthaftung).

3 Haftpflichtversicherung

Auch bei gewissenhafter Durchführung aller innerhalb des Qualitätsmanagementsystems festgelegten Maßnahmen kann nicht völlig ausgeschlossen werden, daß es zu mangelhaften Dienstleistungen kommt.

Die verbleibenden Restrisiken sind durch eine angemessene Haftpflichtversicherung abgedeckt.

Anhang 2

Beispiel 2: Anspruchsgrundlagen der Haftung

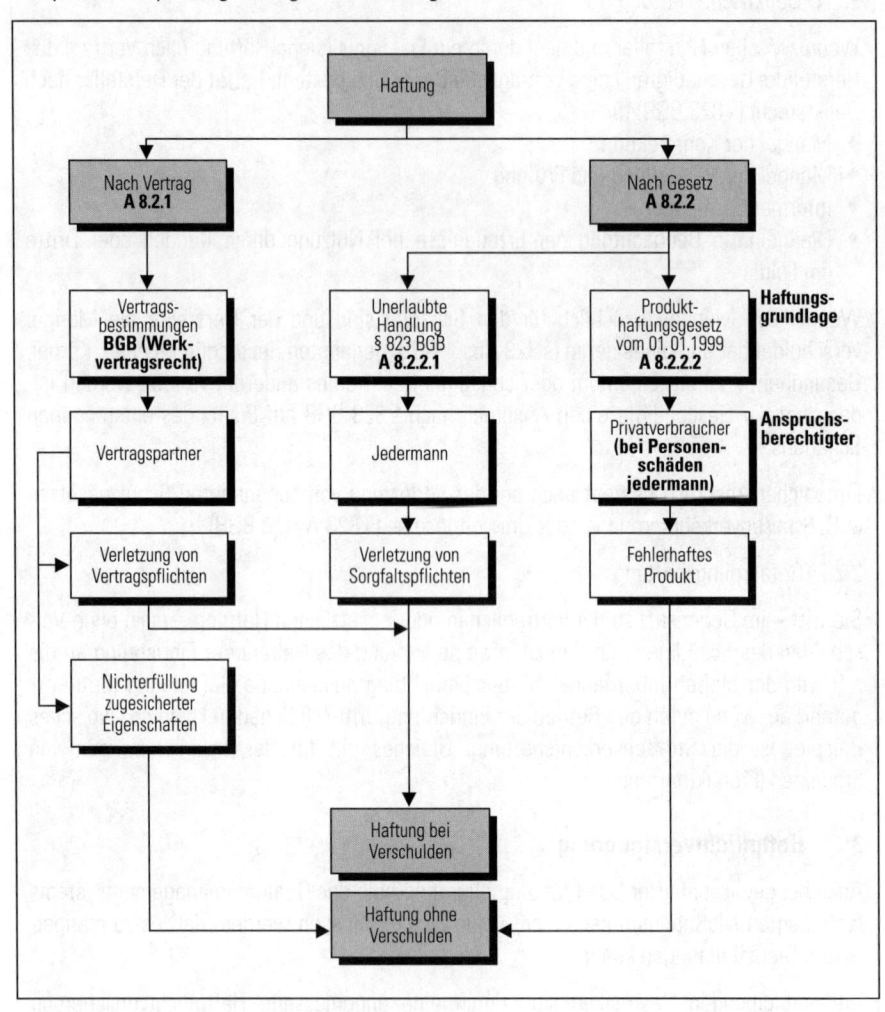

```
                                    Haftung
                          ┌────────────┴────────────┐
                   Nach Vertrag                Nach Gesetz
                      A 8.2.1                    A 8.2.2
                          │              ┌──────────┴──────────┐
                          ▼              ▼                     ▼
                   Vertrags-         Unerlaubte           Produkt-              Haftungs-
                   bestimmungen      Handlung             haftungsgesetz        grundlage
                   BGB (Werk-        § 823 BGB            vom 01.01.1999
                   vertragsrecht)    A 8.2.2.1            A 8.2.2.2
                          │              │                     │
                          ▼              ▼                     ▼
                                                         Privatverbraucher     Anspruchs-
                   Vertragspartner   Jedermann           (bei Personen-        berechtigter
                                                         schäden
                                                         jedermann)
                          │              │                     │
                          ▼              ▼                     ▼
                   Verletzung von    Verletzung von       Fehlerhaftes
                   Vertragspflichten Sorgfaltspflichten   Produkt
                          │              │                     │
                          ▼              ▼                     │
                   Nichterfüllung                              │
                   zugesicherter                               │
                   Eigenschaften                               │
                          │              │                     │
                          └──────────►Haftung bei◄─────────────┤
                                     Verschulden               │
                                                               │
                          ──────────►Haftung ohne◄─────────────┘
                                     Verschulden
```

Bild A 2-1: Anspruchsgrundlage im Haftungsfall

Anhang 3

Dienstleistungskreis nach DGQ-Band 30-01

Der Dienstleistungskreis wurde bereits im DGQ-Band 30-01 als ein Modell vorgeschlagen, der in die Teilprozesse „Marketing", „Design" und „Dienstleistungserbringung" untergliedert ist. Diese Teilprozesse werden in allen Phasen geprüft, bewertet und verbessert.

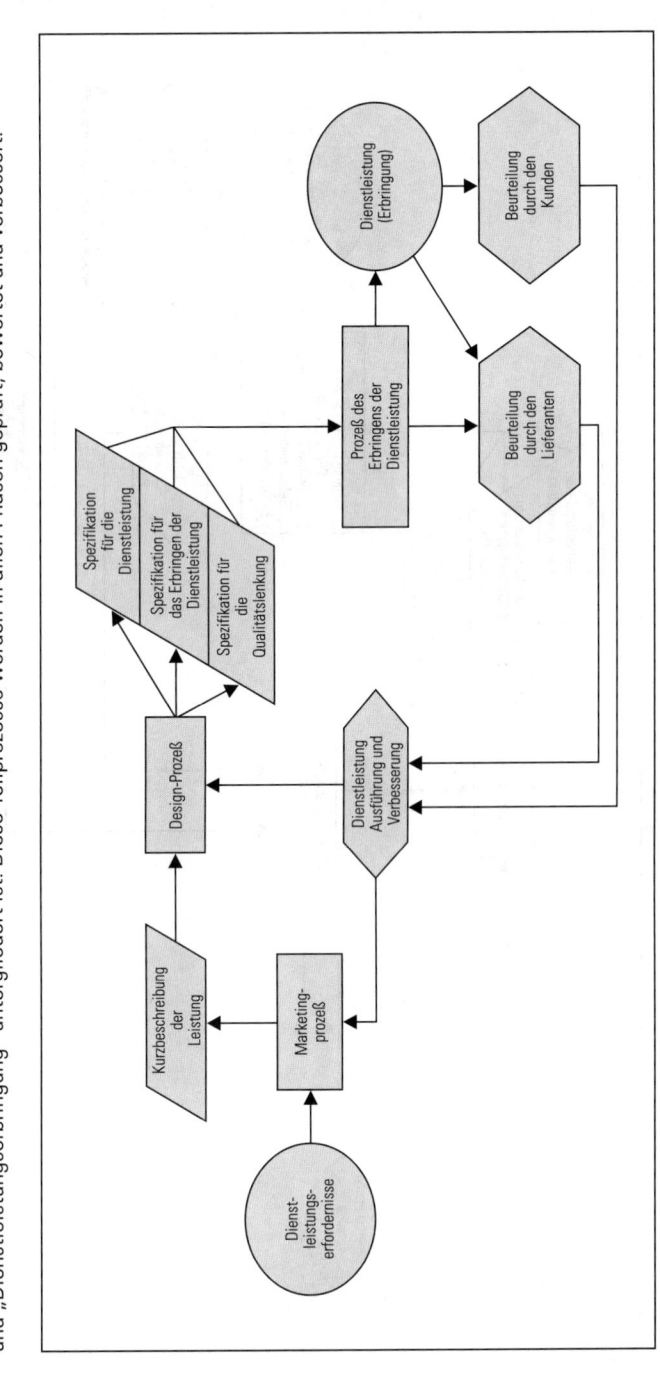

Bild A 3-1: Dienstleistungskreis

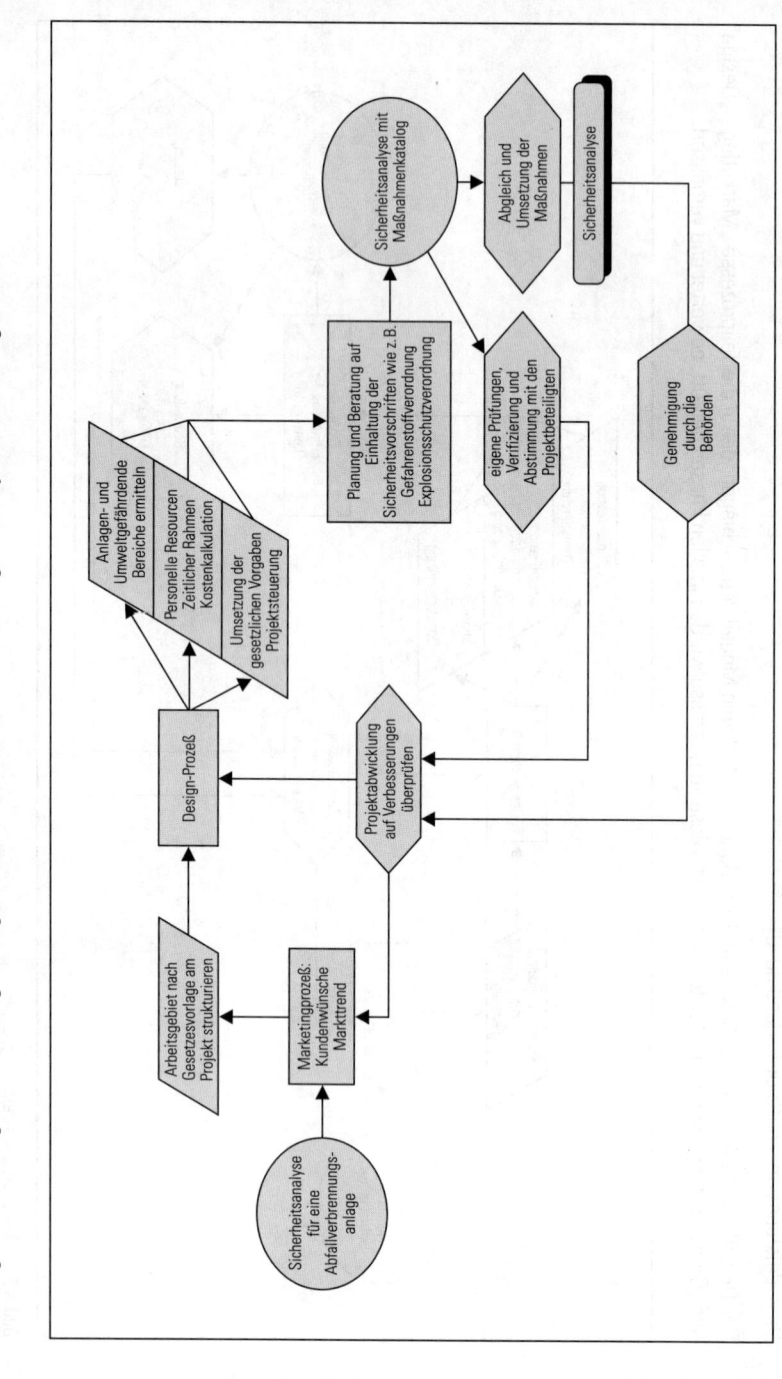

Das folgende Bild zeigt, wie eine Ingenieurgesellschaft dieses Modell in ihre eigenen Projektabläufe eingebracht hat

Bild A 3-2: Beispiel: Dienstleistungskreis „Sicherheitsanalyse" einer Ingenieurgesellschaft

Anhang 4:

Beispiel: Vermögensverwaltung Toleranzen und Wahrscheinlichkeiten bei Dienstleistungen

Bei Dienstleistungen auftretende Parameter, wie z. B. Meßgrößen, unterliegen einer Wahrscheinlichkeitsverteilung (Zufallsgrößen) mit mehr oder weniger ausgeprägten Schwankungen. Sie können im Rahmen der Vertragsgestaltung bewußt einbezogen werden können. Bei einigen Parametern ist der Zufallseinfluß allerdings so gering, daß sie als determinierte Größen behandelt werden.

Je größer die Standardabweichung, um so größer ist die durchschnittliche Schwankungsbreite (Schwankung in beiden Richtungen!) um den Mittelwert. Die tatsächliche Abweichung kann aber im Einzelfall viel höher sein. Das heißt also, das mögliche Abweichungsrisiko ist durch die Standardabweichung (auch als Sigma bezeichnet) nicht exakt umrissen.

Ein Merkmal der Normalverteilung ist es nun, daß etwa 68,2 % aller Werte im Bereich zwischen ± 1 Sigma vom Mittelwert liegen, etwa 95,4 % im Bereich ± 2 Sigma und etwa 99,7 % im Bereich ± 3 Sigma (siehe im folgenden Chancen-Risiko-Trichter).

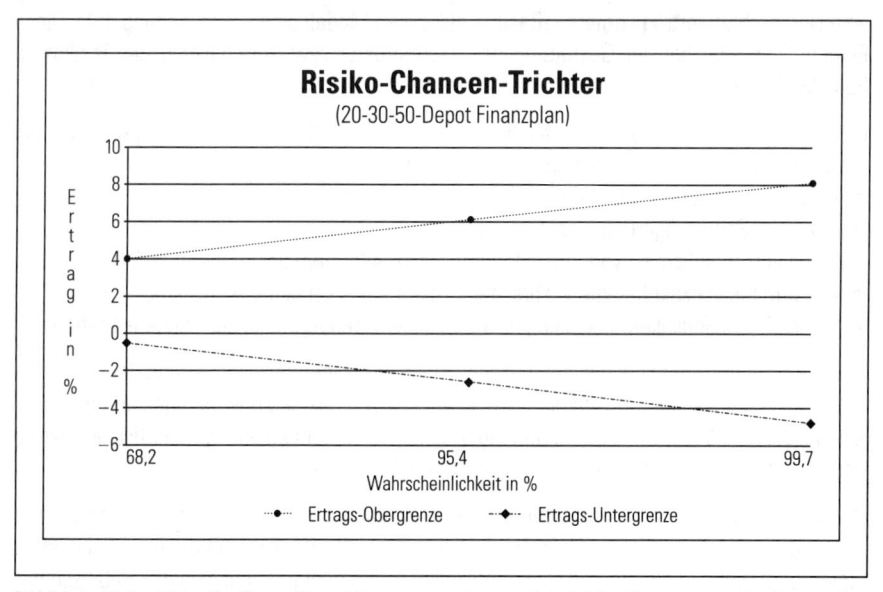

Risiko-Chancen-Trichter
(20-30-50-Depot Finanzplan)

Bild A 4-1: Risikotrichter (Gauß) von Dienstleistungsmerkmalen am Beispiel Renditeerwartung des Depots einer speziellen Vermögensverwaltung *(Quelle: QMA Dr. Kreuter)*

Der Chancen-Risiko-Trichter gibt zu jeder Wahrscheinlichkeit ein Meßwerte-Intervall an. Er zeigt, bei welcher Aussage-Wahrscheinlichkeit (aufgetragen auf der x-Achse) die zukünftigen Meßwerte einer Meßgröße (hier das zukünftige Rendite-Ergebnis) in welchem Intervall schwanken (aufgetragen auf der y-Achse). Je größer die geforderte Wahrscheinlichkeit, desto größer ist das zu berücksichtigende Schwankungsintervall für die erwarteten Meßwerte der zukünftigen Rendite.

Für die spezielle Finanzdienstleistung „Vermögensverwaltung" gilt folgende Interpretation: Angenommen Renditeangaben sind normalverteilt, so bedeutet diese als Schwankungsmaß (oder von der Stiftung Warentest als Risiko pro Jahr) bezeichnete Maßzahl für Kapital Anlagen, daß die Erträge zu 68,2 % im genannten Bereich liegen, aber zu einem Drittel außerhalb dieses Bereiches liegt. Damit sind diese Aussagen bezüglich ihrer Sicherheit zu relativieren, da sie nur in zwei Drittel aller Fälle den tatsächlichen (Risiko-) Grenzen entsprechen. Das Risiko und die Chancen der Meßgröße Rendite sind beim Dienstleistungsprozeß der Vermögensverwaltung tatsächlich also viel größer als durch die Standardabweichung Sigma suggeriert wird. Mit etwa 0,15 % Wahrscheinlichkeit, das heißt etwa in einem von 666 Fällen, kann der Vermögensverwalter sogar mehr als die dreifache Standardabweichung vom Durchschnittsertrag verlieren (Basis: Gauß'sches Modell siehe auch Anhang 4-1). Diese Erkenntnisse sind bei der Gestaltung der Depotstruktur bzw. Abschätzung des Risikos zu berücksichtigen.

Diese Vorgehensweise kann in ähnlicher Weise auf viele Dienstleistungsprozesse und Dienstleistungsparameter übertragen werden, z. B.
- mögliche Schädigung des Kunden während der Dienstleistung,
- mögliche Zeitverzögerungen im Dienstleistungsprozeß,
- die Wahrscheinlichkeit von Besonderheiten (z. B. Allergien) bei Kunden,
- die statistisch exakt belegte Wahrscheinlichkeit eines versicherten Risikos,
- die Wahrscheinlichkeit möglicher, nachträglicher Veränderungen der Kundensituation

Alle diese möglichen Schwankungen können manchmal eine Verschlechterung der vereinbarten Dienstleistungsqualität zur Folge haben und müssen deshalb über den gesamten Dienstleistungsprozeß beachtet werden. Ständiger Kontakt zum Kunden und systematische Analyse der Kundenzufriedenheit sind dabei eine wichtige Datenquelle.

Bei der Gestaltung des Dienstleistungsprozesses kann durch die Anwendung geeigneter Managementwerkzeuge (s. a. Abschnitt 3.5) sichergestellt werden, daß die Prozeßsicherheit steigt. Stichproben oder ständige Qualitätslenkung sind geeignet, um Negativerlebnisse des Kunden zu vermeiden.

Anhang 4:

Diskussion zur Standardabweichung:

In einer Gruppe ähnlicher Einheiten (z. B. Produkte, Dienstleistungen) gibt es zwischen den einzelnen Objekten dieser Gruppe immer Unterschiede, z. B. Schwankungen bezüglich einer Meßgröße, eines Merkmals. Die meisten Objekt-Gruppen fügen sich in ein spezielles Musterverhalten ein, das man „Normalverteilung" oder „normale Wahrscheinlichkeitsverteilung" oder – nach dem Mathematiker Gauß „Gauß-Verteilung" nennt. Dieses Muster wird durch die Meßwerte (Zufallsgrößen) „Mittelwert" (durchschnittlicher Wert) und Standardabweichung (durchschnittliche Abweichung davon, Sigma) beschrieben. Es gibt aber auch andere Verhaltensmuster mit anderen Wahrscheinlichkeitsverteilungen, auf die hier nicht näher eingegangen werden soll.

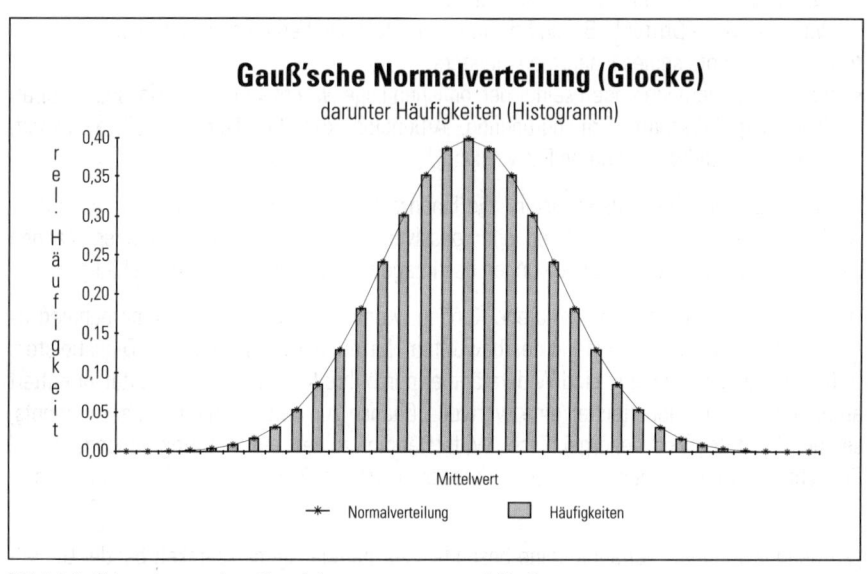

Bild A 4-2: Schwankungen eines Dienstleistungsparameters nach Gauß

Anhang 5

Beispiel: Kundenverhalten bei Wartezeiten in der Finanzdienstleistung

Bei Finanzdienstleistungen treten regelmäßig Warte-, Verweil- und Durchlaufzeiten, auf. Die einzelnen Kunden reagieren je nach persönlicher Situation sehr unterschiedlich und wechselhaft.

Während der Finanzdienstleistung kann der Kunde durchaus von einem in den anderen Zustand wechseln. Das ist bedingt durch

- eigenen Lebensfortschritt und neue Lebens-Erfahrungen,
- Konkurrenzangebote und Werbedruck,
- Änderung seines persönlichem Geschmacks und der allgemeinen Trends,
- staatliche/gesellschaftliche Veränderungen,
- Warn-Hinweise Dritter (z. B. von Stiftung Warentest und Verbraucherzentralen),
- Event-Angebote seines Finanzdienstleisters,
- gravierende Veränderungen seiner persönlichen Lage (wie etwa Umzug, Hausbau, Heirat, Scheidung, Erbschaft, Firmengründung, Arbeitslosigkeit, Berufsunfähigkeit, Krankheit, Geburt von Kindern und deren Entwicklung).

Wenn bei diesen „Zustandswechseln" die Finanzdienstleistung nicht dynamisch angepaßt, wird der Kunde leicht zum aktiven oder passiven Widerständler. Diese Kunden machen vermehrt Negativpropaganda und können das Image des Finanzdienstleisters schädigen.

Widerständler sind potentiell verlorene Kunden, wenn das Dienstleistungsunternehmen es nicht versteht, sie in den Zustand des bewußten Nutzers der Ressourcen des Dienstleisters zu überführen. Andererseits sind Widerständler durch ihre Kritik für einen qualitätsorientiert arbeitenden Finanzdienstleister eine wertvolle Chance zur Verbesserung seines Angebots, seiner Aktivitäten und Teilergebnisse. Widerständler zeigen oft frühzeitig Tendenzen und Zielrichtungen für den kontinuierlichen Verbesserungsprozeß (KVP) beim Finanzdienstleister an.

„Zufriedene Träumer" verlangen eine besonders sorgfältige Aufmerksamkeit bei der Gestaltung der Dienstleistung. Wenn sie eines Tages feststellen, daß der „Grad der vereinbarten oder berechtigt erwarteten Erfüllung ihrer Forderungen an die Dienstleistung" – z. B. unzureichender Haftpflichtversicherungsschutz – nicht ausreicht, also die Qualität des Angebots ungenügend ist, werden sie unweigerlich zu Widerständlern, die in der Regel als Kunde verloren sind und andere Kunden mitreißen werden. Fehlberatung lohnt auf Dauer nicht.

Wenn diese Träumer hingegen eines Tages feststellen, daß ihre Forderungen optimal erfüllt wurden, also die Qualität des Angebots gestimmt hat, werden sie automatisch zu Empfehlungsgebern und könne damit für den erfolgreichen Dienstleister(-Generationen) wichtiges Neukundenpotential (-Generationen) erschließen (Skizze):

Kunde kommt (wieder)		Empfehlungen		Kunde kommt wieder
–		– – – –		–
				stets gut bedient
Kundenwunsch (Kundenerwartungen)				–
Kundenentschluß (Kundenforderungen)				–
(Kundentypen 1 und 4, Träumer oder Nutzer)				
1. Kontakt	2. Kontakt	Vertrag / Beratung		ständige Erbringung der Finanzdienstleistung
–	–	–		–
abgewiesen	abgeschreckt	schlecht beraten		schlecht gewartet
– –	– –	– –		– –
–	–	–		– –
Kundenverlust	Kundenverlust	Kundenverlust		
(Kundentyp 2 und 3, aktive und passive Widerständler) Rückkopplung zum KVP				

Bild A 5-1: Kundenkontakte – Chancen und Risiken –
frei nach G. Hertel „Modellierung der Dienstleistungsqualität")

Anhang 6

„Neuralgische" Punkte von Dienstleistungsprozessen,

Im Prozeß der Erbringung der Finanzdienstleistung gibt es neuralgische Punkte, vergleichbar mit „critical control points" in der Lebensmittelwirtschaft, bei deren Nichtbeachtung es zu fehlerhaften oder falschen Prozeß-Zuständen kommen kann. So kann durch den Kunden z. B. bei Vertragsannahme durch unpräzise Äußerung das Ergebnis erheblich gestört werden.

Neben dem möglichen Image-Schaden wandert der Kunde im Extremfall ab und/oder es drohen kostenintensive Haftungsfolgen. Betrachtet man etwa die Dienstleistung der Essenversorgung eines Seniorenheims und die Folgen von Vergiftungen durch Salmonellen im Essen, wird die Wichtigkeit der Prüfung neuralgischer Punkte sofort deutlich. Mögliche Schadensursachen, die an neuralgischen Punkten auftreten können, müssen in jedem Fall rechtzeitig erkannt und beseitigt werden, bevor der Kunde mit dem Produkt in Berührung kommt.

Aus der Sicht des Kunden, also der Sicht bei Dienstleistungsübernahme an den Kundenkontaktpunkten, sind solche allgemeine neuralgischen Punkte (dazu mögliche Ursachen und Abhilfen):

- Der Kunde spürt nicht die von ihm erwartete Qualität. Der Prozeß der Dienstleistung wird durch das betreffende Dienstleistungsunternehmen nicht ausreichend beherrscht.

  Das Design des Dienstleistungsangebots oder die Angebotspalette ist zu überarbeiten.

- Eine Dienstleistung wird vom Kunden inhaltlich angenommen, dauert aber insgesamt zu lange. Sie muß auf ihren Zeitbedarf und kritische Aktivitäten untersucht werden. Organisatorisch bedingte Zeitverluste sind zu beseitigen, etwa durch Umstrukturierung oder Einsatz moderner Kommunikationsmethoden.

  Prozeßbedingte Zeitverluste sind ggf. durch Überarbeiten des Design, parallele Prozesse oder Optimierung des Ressourceneinsatzes zu verkürzen.

- Der Kunde muß zu lange oder unter unangenehmen Bedingungen warten, bis er die von ihm gewünschte Dienstleistung erhält. Der Prozeß der Dienstleistungserbringung enthält zu viele oder ungenügend ausgestaltete Wartezeiten.

  Es sollte eine Verkürzung der Wartezeiten angestrebt und eine den Kunden motivierende Ausgestaltung der notwendigen Wartezeiten vorgenommen werden.

- Der Kunde fühlt sich unfreundlich oder unvollständig bedient.
  - 1. Ursache:

    Die Motivierung oder Zuverlässigkeit der Mitarbeiter mit Kundenkontakt ist ungenügend oder falsch (z. B. nur provisionsorientiert).

Dann sollte durch entsprechende Motivations- und Ausbildungsmaßnahmen oder Mitarbeiterwechsel dafür gesorgt werden, daß alle Kunden freundlich und vollständig bedient werden. Dazu gehört im Extremfall auch eine höfliche, begründete Ablehnung der Kundenwunscherfüllung.

- 2. Ursache:

    Die Aufgaben werden durch den Innendienst nicht vollständig abgearbeitet. Dann ist durch Veränderungen der Prozeßabläufe (z. B. Einführung entsprechender Lenkungsmechanismen) Abhilfe zu schaffen.

♦ Der Kunde hat das Gefühl, daß er bzw. seine Probleme nicht verstanden werden: Die Ausbildung oder Kompetenz der Mitarbeiter mit Kundenkontakt ist ungenügend.

    Es sollte durch entsprechende Schulungs- und Ausbildungsmaßnahmen oder entsprechenden Mitarbeiterwechsel dafür gesorgt werden, daß jeder Kunde das Gefühl hat, daß er verstanden wird.

Besonders schwierig ist die Beurteilung langfristiger Dienstleistungsprozesse. Am Beispiel des Aufbaus einer Altersversorgung wird dieser Sachverhalt dargestellt. Häufig gibt es über das Thema Altersversorgung beim Kunden große Wissensdefizite. Bei der Erstberatung und Verkauf einer Kapitalanlage zur späteren Altersversorgung werden die neuralgischen Punkte durch die entsprechenden Vertriebsunternehmen oft scheinbar hervorragend aufgelöst. Neben Freundlichkeit und Zuvorkommenheit der Vermittler werden sogar wertvolle Kundengeschenke (vor allem für Weiterempfehlungen) gereicht. Gut geschulte Vertreter berechnen die voraussichtlichen Lücken in der Altersversorgung, um dann ihr ganz spezielles, einzelproduktbezogenes Deckungsangebot zu machen. Der Kunde fühlt sich zunächst gut beraten. Alle Aussagen für die Zukunft unterliegen jedoch zwangsläufig immer bestimmten Unwägbarkeiten, Wahrscheinlichkeiten, Risiken. Der Kunde kann die Qualität zum heutigen Zeitpunkt noch nicht prüfen und glaubt in Folge von Unwissen oder der Überzeugungskraft den (überzogenen) Zukunftsaussagen des Vertreters.

Es liegt eine klassische Fehlberatung vor, deren Ursache auch falsche Provisionssysteme sein können, die sich an „Masse statt Klasse" orientieren [Kreuter]. Diese Situation ist bei ernsthaftem Qualitätsmanagement von Dienstleistungsprozessen nicht hinnehmbar.

Zukunftsaussagen müssen immer nachvollziehbare Aussagen zur Eintrittswahrscheinlichkeit enthalten. Es ist nicht nur auf die Chancen, sondern mit gleicher Intensität auch auf die vorhandenen Risiken hinzuweisen.

Beispiel für erhöhtes Risiko bei „stiller Unternehmensbeteiligung":

Bei dieser Anlageart werden viele Risiken und spekulative Elemente außer Acht gelassen, z. B.

Konkurrenzrisiko:	Risiko im Wettbewerb mit anderen Anbietern zu unterliegen,
Steuerrisiko:	Rückzahlung gewährter Steuervorteile durch steuerliche Nichtanerkennung
Insolvenz-/Konkursrisiko:	Risiko der Zahlungsunfähigkeit (Konkurs, Vergleich),
Managementrisiko:	Unfähigkeit der Geschäftsleitung, kein Qualitätsmanagement,
Fremdfinanzierungsrisiko:	finanziert der Kunde die Beteiligung durch einen Kredit, muß er auch nach Konkurs des Unternehmens weiter Zinsen und Tilgung zahlen.
Totalverlustrisiko:	Risiko des Totalverlusts der Einlage durch o. g. Risiken oder durch dilettantische/betrügerische Aktivitäten unkontrollierter Unternehmensführung.

Das Qualitätsmanagement kann in diesem Fall dazu beitragen, daß der vermittelnde Finanzdienstleister diese Risiken im Angebot zum Aufbau einer Altersversorgung nachweisbar erläutert und der Kunde diese nachweislich akzeptiert (z. B. im gemeinsam unterzeichneten Beratungsprotokoll).

Anhang 7

Beispiele und Zusammenhänge von Qualitätsmerkmalen bei Dienstleistungen

1 Spezielle, auftragsbedingte Beschaffenheitsmerkmale (spezielle Beispiele) für die Messung und Bewertung der Qualität einer Dienstleistung bezogen auf Kernprozesse:

1.1 Qualitätsmerkmale einer Umzugsdienstleistung (s. DGQ Band 30-01):
- Vorbereitung des Umzugs – Alles Wichtige angesprochen (Checkliste)?
- Umzugsvertrag – Alles vollständig verständlich, ausgefüllt und unterzeichnet?
- Haftungsvereinbarung – Ist der Kunde über den Grad der Haftung informiert?
- Verpackung von Glas und Porzellan – Erfolgt die Verpackung sorgfältig genug?
- Auf- und Abbau von Schränken – Erfolgt das schonend und mit Fachkenntnis?
- Beladen und Entladen des Umzugsgutes – Ist sie schonend und platzsparend?
- Fahrt mit dem Umzugsgut – Ist sie termintreu und auf kürzester/bester Strecke?

1.2 Qualitätsmerkmale einer Lebensversicherungsvermittlung: (Stiftung Warentest Finanztest 1/2 97, nur 2 von 43 Versicherungen waren gut!)
- Bedarfsanalyse der Risikolage – Vollständig, gründlich, neutral?
- Vermittelter Vertrag – Sachlich richtig, angepaßt, angemessen?
- Behandlung von Vorerkrankungen – Richtig erfragt, Haftungsfrage?
- Kunden-Information – Erfolgt eine ausführliche, wahre Information?
- Einbeziehung des Kunden – Abfrage Kundenwünsche, finanzielle Situation?

1.3 Qualitätsmerkmale einer Vermögensplanung (s. DGQ Band 30-01):
- Terminvorbereitung, Vertrag – Alles wichtige angesprochen (Checkliste)?
- Kundenanalyse – Vollständig, verständlich, Beratungsbedarf formuliert?
- Beratungsgutachten – Wurde der Beratungsbedarf erfüllt, Haftungsfrage?
- Lösungsangebote – Erfolgt ein Angebot entsprechend dem Gutachten?
- Vermittlungsinformation – Basisinformationen und Risikoaufklärung?
- Vermittlung der Verträge – Beschaffung gemäß Lösungsangebot?
- Laufende Betreuung – Information/Beratung während der Vertragslaufzeiten?

2 Allgemeine, auftragsbegleitende Beschaffenheitsmerkmale für Messung und Bewertung der Zusatzqualitätsmerkmale einer Dienstleistung (sie sind jeweils exakt festzulegen, manchmal gehören einzelne der hier genannten Merkmale auch zur Qualitätsbewertung).
- schnelles, pünktliches Reagieren der Mitarbeiter
- Schnelligkeit – schnelle Auftragsbearbeitung
- Flexibilität – schnelle Anpassung an veränderte Kundenforderungen
- Erreichbarkeit – telefonische Erreichbarkeit, Kernzeiten, Notdienste
- Kommunikation – Informationsbereitschaft und -fähigkeit
- Höflichkeit – Zuvorkommenheit, Respekt des Kontaktpersonals

- Freundlichkeit – Lächeln, neutrale Konversation, Hilfsangebote
- Verständnis – individuelle Aufmerksamkeit
- Atmosphäre – angenehmer Kundenempfang (Ambiente, Duft, Klima, Natur)
- Sauberkeit – Geschäftsräume, Fahrzeuge, Hilfsmittel
- Wartezeiten – Informations- und Beschäftigungsangebote

3 Beispiel für auftragsauslösende Qualitätsmerkmale (Schlüsselmerkmale, „Türöffner"):

Da Dienstleistung ein immaterielles Produkt ist, sucht der Kunde in der Potential- und Vereinbarungsphase nach einfachen Schlüsselinformationen, d. h. nach sichtbaren Merkmalen und ihrer speziellen Merkmalsausprägung für die angebotene Dienstleistung.

3.1 Auftragsbedingte Schlüsselmerkmale:

- Nachweise – neutrale Auszeichnungen, Zertifikate, Kundenreferenzen
- Garantien – verbindlich haftende Garantieerklärung für die Kern-Qualität
- Vertrauenswürdigkeit – langjährig, bodenständig, greifbar, berechenbar
- Empfehlungen – seriöse, unabhängige, neutrale, Empfehlungsgeber
- Kontaktierung – seriöse Kontaktaufnahme, wahre Werbung
- Kompetenz – Fähigkeiten des Kundenpersonals, Ausbildungsgrad
- Sicherheit – finanzielle, physische Sicherheit, Haftpflichtnachweis
- Technische Ausrüstung – Gebäude, Ausstattung, technische Hilfsmittel
- Verläßlichkeit – Sorgfalt, stets Einhalten von Terminen und Absprachen
- Zuverlässigkeit – langfristige Kundenbeziehungen, keine Negativpresse
- Fehlerfreiheit – Nachweis einer geringen Reklamationsrate, Positivpresse

3.2. Auftragsbegleitende Schlüsselmerkmale, besonders für Erstkontakt:

- Glaubwürdigkeit – allgemeiner Ruf des Unternehmens, Corporate identity
- Reagibilität – schnelles, pünktliches, richtiges Reagieren der Mitarbeiter
- Erreichbarkeit – (telefonische) Erreichbarkeit, Kernzeiten, Notdienste
- Atmosphäre – angenehmer Kundenempfang (Ambiente, Duft, Klima, Natur)
- Sauberkeit – Geschäftsräume, Fahrzeuge, Hilfsmittel
- Erstkontakt-Wartezeitenhandling – Informations- und Beschäftigungsangebote

Alle Qualitätsmerkmale

Qualitätsmerkmale
(auftragsbedingt)

Übergänge

Qualitätsmerkmale
(auftragsbegleitend)

Qualitätsmerkmale
(auftragsauslösend)

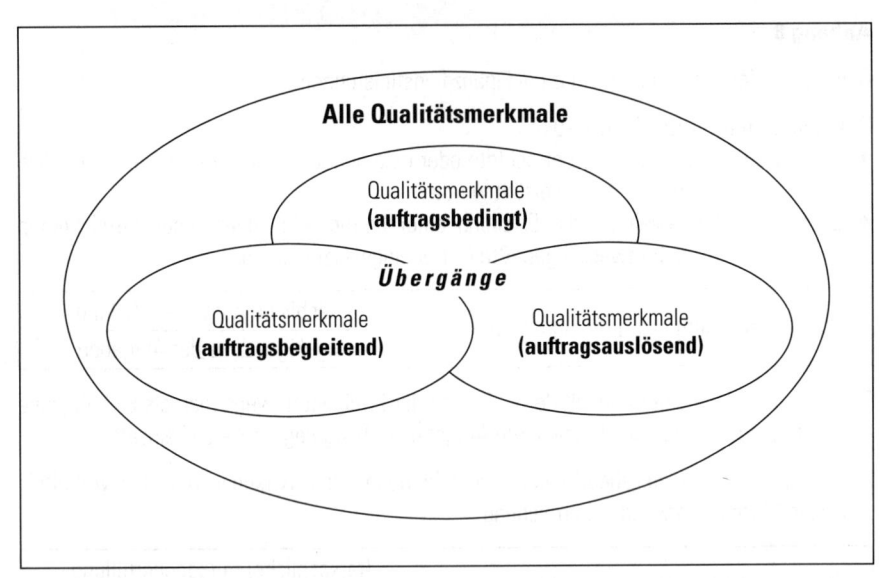

Bild A 7-1: Qualitätsmerkmale von Dienstleistungen

Anhang 8

Beispiele: Effektivität und Effizienz bei Finanzdienstleistungen

Definitionen (nach DGQ-Band 11-04):
- Effektivität: Inwieweit eine betrachtete oder eine genau bezeichnete Aufgabe bezüglich festgelegter Ziele erfüllt wurde.
- Effizienz: Inwieweit für die Erfüllung einer betrachteten oder genau bezeichneten Aufgabe zweckangepaßte Mittel eingesetzt wurden.

$$\text{Effektivität} = \text{Aufgaben-Erfüllungsgrad} = \frac{\text{tatsächliche Aufgabenerfüllung}}{\text{festgelegte Ziele der Aufgaben}}$$

Die Definition der Qualität ähnelt der Definition der Effektivität, wenn man als Einheit „eine betrachtete oder eine genau bezeichnete Aufgabe mit festgelegten Zielen" einsetzt.

Der ökonomische Effizienzbegriff bezeichnet hingegen den Wirkungsgrad, das Verhältnis zwischen Mitteleinsatz und Zielerreichung

$$\text{Effizienz} = \text{Mittel-Wirkungsgrad} = \frac{\text{(tatsächliche) Aufgabenerfüllung}}{\text{eingesetzte Mittel für Aufgabenerfüllung}}$$

Anmerkung: Nach dem Wirtschaftlichkeitsprinzip kann es sich durchaus ergeben, daß zur Erreichung einer höheren Effizienz die Effektivität verringert wird. Es wird eine geringere NotizenZielerreichung in Kauf genommen, wenn dabei wesentliche Mittel einzusparen sind.

Beispiele zum Thema Altersvorsorge (vereinfacht):

Das Produkt „Private Altersvorsorge" (etwa Aufbau eines Rentendepots) ist eine Finanzdienstleistung einer Bank, Investmentgesellschaft oder Versicherung. Der zukünftige Pensionär muß dafür langfristig Geld anlegen. Unternehmensberater, Banken, Investmentgesellschaften oder Versicherungen haben dafür jeweils spezielle Angebote als Einmalanlage oder Sparplan. Es gibt dabei weitere, hier nicht näher betrachtete, teils zufallsabhängige Bedingungen bzw. Merkmale wie lebenslange Rente, Mindestlaufzeit, garantierte Rente, Wertverlauf des Depots, Inflationsanpassung, Änderungsmöglichkeiten, Depotverfügbarkeit, Liquidität, Besteuerung, Vererbbarkeit, Renditebetrachtungen usw. Hier werden nur vereinfachte Beispiele betrachtet.

Beispiel 1: Die Dienstleistungs-Aufgabe könnte sein: *Schaffung eines sicheren Depot-Vermögens von DM 500.000 zur anschließenden privaten Altersversorgung.*

$$\text{Effektivität 1} = \text{Aufgaben-Erfüllungsgrad} = \frac{\text{sicher erreichbarer Depotwert}}{\text{Wunschdepotwert}}$$

Effizienz 1 = sicher erreichbarer Depotwert zur Summe aller Einzahlungen

Effizienz und Effektivität steigen mit steigendem Depotwert. Bei verminderter Einzahlungssumme steigt die Effizienz, wenn eine höhere Rendite zum gleichen Depotwert führt. Höhere Renditen werden andererseits oft von einem höheren Schwankungsrisiko begleitet, so daß der „mögliche" Depotwert zum gewünschten Zeitpunkt nicht gesichert ist, d. h. höher oder niedriger ausfallen kann.

Effektivität und Effizienz sind hier „Zukunftsaussagen", die sich lediglich auf Prognosen, auf Wahrscheinlichkeiten in Bezug auf die Entwicklung von Inflation, Steuern und zukünftigen Renditen stützen können. Es gibt – neben eventuellen, mehr oder weniger werthaltigen Garantien des Anbieters – nur die Bezugswerte aus der Vergangenheit. Deshalb ist eine zielorientierte und vollständige Beratung äußerst wichtig.

Die Dienstleistungs-Aufgabe sollte daher verändert werden:

Beispiel 2: Kundenauftrag für eine Beratung zur Schaffung eines ausreichenden Depotvermögens zur Altersvorsorge

Dabei muß diese Beratung genau auf die Punkte Inflation, Steuern und zukünftige Renditen eingehen, aber auch mögliche andere Risiken wie Krankheit, Arbeitslosigkeit, Auftragslage, Insolvenz, familiäre Probleme und Sicherheitsrisiken für das eingesetzte Kapital eingehen (s. DGQ-Band 30-01, Seite 125 ff.). Dabei gibt es neben der vom Kunden vorgegebenen Wichtigkeit dieser Merkmale auch „zwangsweise" vom Gesetzgeber vorgegebene Aufklärungspflichten (Anhang- und anlegergerechte Beratung).

Merkmalswerte für diese Beratungsaufgabe: (merkmalsbezogen, schwierig faßbar!)

Effektivität 2 = tatsächlich erfolgte Beratung/erforderliche, vom Kunden gewünschte Beratung

Effizienz 2 = tatsächlich erfolgte Beratung/Zeit+Kosten des Kunden für die Beratung

Erfolgt die Beratung aus reinem Provisionsinteresse, dann ergibt sich aus der Sicht des Versicherungsvermittlers die (nicht kundenorientierte, d. h. nicht auf gute Qualität gerichtete!) Aufgabe schnell viele Versicherungen zu verkaufen (klassische Fehlberatung):

Beispiel 3: „(Bären-)Dienstleistungsaufgabe" für skrupellose Versicherungsvermittler

Verkauf einer Kapital-Lebensversicherung zur Altersvorsorge mit möglichst hoher Versicherungssumme (VS) = möglichst hohe Provision.

Merkmalswerte aus Sicht des Vermittlers für diese Fehlberatungsaufgabe:

Effektivität 3 = tatsächlich erforderliche VS/vom Vermittler gewünschte VS

Effizienz 3 = tatsächlich vermittelte VS/Zeit+Kosteneinsatz des Vermittlers

Hier steigen Effizienz und Effektivität mit steigender VS. Sie sind qualitätsverschlechternd, weil sie unabhängig vom tatsächlichen Kundenbedarf oder von zugrundeliegenden Renditen und Schwankungen der Kapitalanlage/Depots sind. Wollte man die Arbeit des Versicherungsvertreters qualitätsorientiert entlohnen, müßte die Provision nicht aus der VS, sondern aus den Komponenten Effektivität der Beratung aus Kundensicht, und (vorhersehbare) Effizienz der privaten Rentenvorsorge gebildet werden. Mit diesem Modell könnten synchron (und nicht gegeneinander) die drei Maximierungsstrategien Kundenzufriedenheit, Mitarbeiterzufriedenheit und Unternehmensrendite verfolgt werden.

Anhang 9

Qualitäts-Management

Ausgabedatum: 18.09.1995
Revision: A

Fehlermöglichkeits- und Einflußanalyse (FMEA)

QM-V "Designlenkung/Entwicklung"

Design-Entwicklungs-FMEA	Prozeß-FMEA ☒		Produktbezeichnung: QS 9000	Produkt-Nr.:
Name/Abteilung/Lieferant	Name/Abteilung/Lieferant		Produkt/System/Prozeß	Änderungsindex: A
Projekt QS 9000 mit ALPHA GmbH & Co., Qualitätstetten	ja		Erstellt durch (Name/Abteilung): Dirk Lomb	Erstellungsdatum: 17.09.95

Seite 1 von 2

Produktmerkmal	Potentieller Fehler	Potentielle Folgen des Fehlers	D	Potentielle Fehlerursachen	Derzeitiger Zustand Vorgesehene Prüfmaßnahmen	Auftreten	Bedeutung	Entdeckung	RPZ Risiko Prioritäts-Zahl	Empfohlene Abstellmaßnahme	Verantwortlichkeit	Verbesserter Zustand Getroffene Maßnahme	Auftreten	Bedeutung	Entdeckung	RPZ Risiko Prioritäts-zahl
kritische Elemente der QS 9000																
Geschäftsplan	Ziele, Benchmarking			IC kann G nicht von der Notwendigkeit überzeugen	jetzige Ziel des Unternehmens auf Verwendbarkeit prüfen, erweitern	2	10	2	40							
Vertragsprüfung	zusätzliche Forderungen der Kunden			Abschnitt 3 nicht beachtet	Checkliste für Zusatzforderungen	2	10	1	20							
Entwicklung	Prototyp, Vorserie, Serie			Qualifizierung (GD&T, QFD, etc.) nicht beachtet	Checkliste für einzusetzende Maßnahmen	4	10	2	80							
Beschaffung	Entwicklung der QMS Lieferanten			Lieferanten arbeiten nicht mit	Fragebogen entwickeln und an Lieferanten senden	8	10	2	160	5-Jahresplan für die wichtigsten Lieferanten entwickeln	Projektleiter IC	5-Jahresplan erstellt	2	10	1	20
Prozeßlenkung	APQP			alle Formulare lisch zur Verfügung (Interpretat.)	alle Formulare übersetzen	2	10	4	80							
PMFU	Durchführung			steht nur in englisch zur Verfügung (Interpretat.)	entsprechendes Verfahren	4	10	4	160	EXCEL-Formular entwickeln	Projektleiter IC	EXCEL-Formular erstellt	1	10	1	10
Korrektur- und Vorbeugungsm	Systematische Problemlösungsverfahren			Interpretation	Bestandsaufnahme	2	10	4	80							
DFÜ	Arbeitsplatz nicht einbezogen			EDV-Lösung	DFÜ einführen	8	10	1	80							
Interne Audits	Fragenkatalog nicht vorhanden			QSA, Fragenkatalog	Fragenkatalog prüfen	4	10	2	80							
Schulung (Strategie)	Prüfung der Wirks strategische Ausr			Wirksamkeit nicht geprüft	Fragebogen für MA erstellen	8	10	4	320	Datenbank erstellen	Projektleiter IC	Datenbank erstellt, SW-Doku	1	10	1	10
PPAP	Vollständigkeit			steht nur in englisch zur Verfügung (Interpretat.)	alle Formulare übersetzen	2	10	4	80							
Fähigkeiten der F.	Prozeßparameter			SPC-System	jetzige Anwendung prüfen	4	10	4	160	SPC-Schulung	Projektleiter IC und QB Kunde	Schulung durchgeführt	1	10	1	10
KVP	Wirksamkeit der Teams			Abt-Funktion	Liste der Mitglieder	6	10	3	180	Mitglieder schulen	Projektleiter IC und QB Kunde	Schulung durchgeführt	1	10	1	10

In allen Fällen wird die Zertifizierung nicht bestanden, da die QS 9000 Null Fehler zuläßt

Bild A9-1: Beispiel eines Auszugs aus einer FMEA in einem Beratungsunternehmen

101

Notizen

Notizen

Notizen